KB236800

흐르는 강물처럼

흐르는 강물처럼

인쇄일 초판1쇄 2008년 3월 25일
발행일 초판1쇄 2008년 3월 31일

지은이 원용문 | **발행인** 정구형 | **발행처** | **국학자료원** | **등록일** 제324-2006-0041호
편집 박지혜, 김숙희, 김나경, | **총무** 박지연, 한미애 | **영업** 정찬용 | **물류** 김종효, 박종일

주소 서울시 강동구 성내동 447-11 현영빌딩 2층
전화 442-4623,4 | **팩스** 442-4625 | www.kookhak.co.kr | kookhak2001@hanmail.net
ISBN 978-89-6137-352-4 *03040 | **가격** 8,000원

* 저자와의 협의 하에 인지는 생략합니다.

흐르는 강물처럼

원용문 지음

국학자료원

사람이 태어나면 반드시 이름을 지어준다. 책을 발간하는 사람도 반드시 책의 이름을 짓는다. 어린 아이가 태어났을 때, 어느 집에서나 아이 이름을 함부로 짓지 않는다. 그 집안 어른이 짓기도 하고, 작명가에 의뢰해서 짓기도 한다. 그만큼 이름이 아이의 장래와 깊은 연관이 있을 것이라 생각하기 때문이다. 마찬가지로 책을 내는 사람도 그 표제를 어떻게 할 것인가 하는 문제로 고민하는 경우를 많이 보았다.

필자도 이번의 수필집 이름을 어떻게 할 것인가를 놓고 고민까지는 안 했지만, 나름대로 생각을 해보았다. 그러나 적당한 이름이 떠오르지 않아 그냥 "흐르는 강물처럼"이라고 지으려 한다. 더 좋은 대안이 있으면 바꿀 수는 있는데, 그렇다고 좋은 이름을 찾아낼 때까지 마냥 기다릴 수만도 없지 않는가?

필자의 아호가 여강(如江)이니까, 이것을 풀면 강처럼, 또는 강물처럼, 더 길게 풀어 쓰면 '흐르는 강물처럼'이 되어, 그런 대로 의미를 붙일 수는 있다. 물에는 여러 가지 이미지가 있다. '푸르다', '깨끗하다', '맑다', '영원하다', '부드럽다', '포용력 있다' 등 여러 가지 해석이 가능하다. 이 물에 대하여 문태준 시인은 "물은 선하다. 물은 그 자체로 흐르는 모습이다. 흐르는 에너지이다. 물은 작은 샘에서 솟고, 뿌리에게 스미고, 하나의 의지로 뭉쳐 흐르고, 환희로 넘치고, 작별하듯 하늘로 증발하고, 우수가 되어 떨어져 내리고, 다시 신생의 생명으로 돌아와 이 세계를 흐른다"고 설명한 바 있다.

이처럼 좋은 뜻을 가졌으니, 그 이름을 '물'과 관련시켜서 지으면 좋은 일이 많이 일어나게 될 것 같은 느낌이 든다. 그 옛날 정철 선생은 호를 '송강'이라 하였고, 요즘 시조계의 태두 정완영 선생은 호를 '백수'라 하였다. 이처럼 물과 관련된 호를 가진 분들이 옛날이나 지금이나 문단의 최고봉을 차지하셨으니, 더욱더 좋을 것이란 생각이 든다. 『흐르는 강물처럼』 필자는 이 세상을 유연하게, 초연하게 살아갈 것이고, 이 수필집도 많은 독자들에게 읽혀져서 물처럼 좋은 이미지로 다가가기를 기대해본다.

2008년 2월 10일

구의서실에서 원 용 문

1부

2부

3부

4부

5부

제1부

관점의 차이

　나는 수필을 쓰면 길게만 쓰려고 한다. 그처럼 길게 쓰다 보니 쓸데없는 소리가 많이 들어가고 군더더기 내용이 들어가서 읽는 이에게 절실한 감동을 주지 못한다. 그러나 햇빛출판사에서 발간한 『鄭椀永隨想集』을 보면 각 작품의 길이가 2백자 원고지 10매 미만인데도 다양한 변화를 주고, 감칠맛이 나게 하고, 표현기법의 묘미를 느끼게 하고, 더 보태도 안 되고 빼도 안 되게 필요한 말들만 동원해서 다 읽고 나면 '인생의 달관한 경지가 이런 것이구나'하는 것을 깨닫게 한다. 오늘날 발표되는 현대시조를 보면 대부분의 시인들이 연시조를 즐겨 쓰는데, 실상 시조의 멋과 묘미와 풍류는 3장 6구 12절의 짧은 형식 속에 들어있다는 것을 알아야겠다.

　내가 아는 문인이자 교수인 어떤 사람의 이야기를 들어보자. 그는 매년 저서를 10여권 낸다는 것이고, 현재까지 저서의 총수가 150여권 된다고 자랑한다. 어쩌면 개인 저서가 많기로는 기네스북에 올라갈 만하다. 그러나 그 책들의 내용을 보면 남의 글들을 이것저것 주워 모아서 짜깁기한 것에 불과하니 그런 책들이 산더미처럼 쌓인들 무슨 소용이 있는가. 책을 많이 냈다는 것이 남들에게 존경의 대상이 되어야 하는데, 도리어 욕이 되고 비난의 대상이 되고 있으니 왜 이런 짓을 하는지 모르겠다. 그러고서도 당사자는 자기가 우리나라에서 제일가는 문호라 생각하고 오만불손하기 이를 데 없으니 이러한 과대망상자가 존재하는 한 세상은 시끄럽기 마련이다. 하여간에 글을 쓸 때는 길게만 쓴다고 해서 좋은 것은 아니고 양적으로 많이만 썼다고 해서 좋은 것도 아니다. 한 편을 쓰더라도 제대로 성의를 다하여 쓰고 남에게 읽힐 만한 글을 쓰는 것이 급선무라고 하겠다.

나는 1남 2녀를 두었는데, 딸 둘은 시집보냈고, 아들 하나만 장가들이면 부모로서의 역할을 어느 정도 완성하게 된다. 작은딸은 제가 연애해서 갔으니 손쉬웠고, 큰딸은 좀처럼 인연을 만나지 못해서 애먹이다가 결국은 갔고, 이젠 아들에게만 신경을 쓰는데 역시 좋은 짝이 나타나지 않아서 애태우고 있다. 그런데 문제는 선을 여러 번 보았다는 사실이고, 또 한 가지는 아들의 사람 보는 기준이 예사롭지 않다는 사실이다. 왜냐하면 아들의 선택 기준은 내면보다는 외형을 중시하는 것 같았기 때문이다.

나는 기본적으로 성실하고 정신이 바르고 몸가짐이 반듯하고 어른들에게 예의를 갖출 줄 알면서 열심히 살려고 노력하는 사람이면 합격이라고 생각한다. 그러면서 건강하고 돈벌이할 수 있는 여성이면 금상첨화 아니겠는가. 다만 외형만은 남들이 보아서 거부감을 줄 정도가 아니고 수수하게 생겼으면 족하다고 하겠다.

그런데 아들은 이런 기준들은 무시해도 좋고 상대방의 키가 훤칠하게 커야 하고 몸매가 예쁘고 얼굴도 잘 생겨야 한다는 것이 우선적인 기준 같다. 그래서 선을 볼 때마다 키가 작은 사람, 얼굴이 평범한 사람은 토를 달아서 물리치고 있는 것이다. 그러나 사람이 한 평생 살아가는데 키 작은 것이 무슨 큰 문제가 되겠는가. '작은 고추가 맵다.'는 속언이 있듯이 키 작은 사람치고 제 구실 못하는 사람은 없다. 어떤 문제를 일으키고 능력 없고 제 구실 못하는 사람들을 가만히 살펴보면 모두가 키 크고 멀쑥하게 생긴 친구들이다. '키 크고 싱겁지 않은 사람 없다'는 말도 그래서 생겨나지 않았던가.

또 미인박명이란 말이 있듯이 얼굴 예쁜 사람 치고 팔자가 사납지 않은 사람은 없는 것이다. 대개 예쁜 사람은 자존심이 강하고 자기밖에 모르고 겸손할 줄 몰라서 일을 그르치는 수가 많다. 이처럼 키 크고 예쁜 사람들은 외화내빈(外華內貧)하다는 사실을 알아야겠다. 키 크고 예쁜 사람들은 미스코리아 선발대회에서나 선택할 일이지 평생 반려자인 아내를 맞이하는 경우는 부적합하다고 생각한다. 그러나 결혼이란 인연에 의해서 맺어지는 것, 누가 보아도 부러워할 만한 신붓감이 빠른 시일 내에 나타나기를 기대하는 마음 간절하다.

촛불의 미학

미학이라는 용어를 썼지만 촛불에 대하여 학문적으로 접근하려는 것은 아니다. 그저 촛불의 아름다움, 그것도 외형적인 아름다움이 아니라 내면적인 아름다움을 고찰해 보려는 것이다. 이것을 달리 정신이란 말을 써서 표현해도 좋다. 그 옛날 조선시대는 선비정신이란 말이 해당되고, 최근에 어떤 시인은 우리 민족을 대표하는 정신으로 '짚신 정신'이란 말을 써서 연작시를 발표하였다. 나는 그에 버금가는 말로 촛불 정신이란 말을 쓰고 싶고, 현재 우리들에게 절실한 것은 바로 촛불처럼 남을 위하여 자기를 희생할 줄 아는 촛불정신이라고 생각한다.

오늘날 우리 사회는 물질 만능주의, 자기와 자기 가족 밖에 모르는 이기주의가 팽배해 있다. 그래서 무질서, 부도덕, 부실공사, 환경오염, 가치관의 혼돈 등 시비선악이 뒤섞여서 하루도 마음 편한 날이 없게 되었다. 남이야 망하든 말든 나만 잘 된다면 무슨 짓이든지 해도 된다는 극단적인 이기주의가 우리 사회를 멍들게 하기 때문에, 그와는 반대로 나를 버리고 남을 먼저 생각하는 촛불 정신이 필요하다는 것을 역설하고 싶은 것이다.

그렇다면 촛불정신에는 어떠한 것들이 있는가?

첫째로 촛불은 묵묵히 어두운 곳을 밝게 해주는 역할을 하고 있다. 어두운 곳을 밝게 해준다는 점에서는 전등불, 가로등, 밝은 달 등과 마찬가지다. 촛불은 어두운 곳을 밝게 하기 위하여 밤새도록 빛을 내고 있다. 그 빛은 많은 사람들에게 광명을 주고, 앞길을 인도해 주고, 자기가 하고 싶은 일을 정상대로 할 수 있게 해준다. 만약에 캄캄하고 어두운 밤에 밝은 빛을 주는 물체가 없다고 생각해 보라. 우리들은 한치 앞을 내다볼 수 없고, 아무 일도 할 수 없는 무력증에 빠지게 될 것이다. 한마디로 촛불은 이처럼 많은 사람들에게 은혜를 베푸는데, 그렇다고 자신의 공을 자랑하거나 어떠한 대가를 요구하지 않는다. 만약에 인간들 같으면 그처럼 좋은 일을 했으면 공치사하기 바빴을 것이고, 그 대가로 명예나 돈을 요구하면서 자신의 입지를 강화하는 구실로 삼았을 것이다. 이처럼 아무런 대가를 바라지 않으면서 오로지 남을 위하여 밝은 빛을 선사하기에 촛불은 아름다운 것이다.

둘째로 촛불은 자기를 희생할 줄 아는 아름다움이 있다. 어두운 구석을 밝게 해주는 그 이면에는 말없이 자신을 불사르는 희생정신이 따르고 있는 것이다. 밤새워 그 심지를 태우고 몸체를 녹아내리게 하면서 눈물겨운 자기희생을 감내하고 있는 것이다. 이처럼 촛불이 밝은 빛을 내기 위하여 자기 몸을 불사르듯이, 우리 인간들도 역사에 빛을 낸 인물들은 그 만큼 자기희생이 뒤따랐던 것이다. 자기는 조금도 손해 보지 않고 이익만 챙기려 한다면 빛을 발하는 아름다운 인간이 되지 못하고, 그야말로 속물 중의 속물로 추락할 수밖에 없을 것이다. 그러니 세상 사람들이여, 눈앞의 작은 이익에만 매달릴 것이 아니라 자신을 희생하면서 만인에게 은혜를 베푸는 촛불의 살신성인 정신을 조금이라도 본받읍시다.

셋째로 촛불은 누구에게나 밝은 빛을 골고루 선사하는 큰 사랑을 실현한다. 그는 고운 사람이나 미운 사람, 좋은 사람이나 나쁜 사람, 부자나 가난한 사람, 지체가 높은 사람이나 낮은 사람, 불교를 믿는 사람이나 기독교를 믿는 사람 등을 가리지 않고 누구에게나 공명정대하게 밝은 빛을 선사하니 큰 사랑, 참사랑의 정신이 없고서는 이를 실현할 수 없는 것이다. 만약에 촛불이 인간이라면 고운사람, 좋은 사람, 돈 많은 사람, 지체 높은 사람, 자신과 같은 종교를 믿는 사람에게나 밝은 빛을 선사하지, 자기와 반대편에 서 있는 사람에게는 이것을 선사하지 않았을 것이다. 그런 점에서 촛불은 공명정대하고, 공평무사하고, 가식이나 꾸밈이 없는 진솔한 존재라고 생각한다.

나는 이제까지 촛불의 미학에 대하여 세 가지 장점을 들어 찬양했는데, 그 첫째로 촛불은 묵묵히 어두운 곳을 밝게 해주는 역할을 한다고 하였다. 촛불의 이러한 아름다움과 은혜로운 정신을 광명시혜정신(光明施惠精神)이라고 명명해 둔다. 둘째로 촛불은 밝은 빛을 내기 위하여 자기 몸을 불사르기 때문에 자기를 희생할 줄 아는 아름다움이 있다고 하였다. 촛불의 이러한 아름다움과 희생정신을 자기 희생정신이라 명명해 둔다. 셋째로 촛불은 누구에게나 밝은 빛을 골고루 선사하는 큰 사랑을 실현한다고 하였다. 이처럼 인간의 선악을 구별하지 않고 모든 이에게 사랑을 베푸는 것을 관음보살이 중생을 사랑하고 불쌍히 여기는 마음에 비유하여 대자 대비정신이라고 명명해 둔다. 우리 사회는 현재 극단적인 이기주의와 물질만능주의로 인해 점점 더 살기 힘들고 어렵게 되었다. 그것은 경제가 아무리 부흥하고 과학이 아무리 발달해도 고칠 수 없는 고질병이 되어 버렸다. 이럴 때 우리들에게 절실히 요구되는 것은 촛불의 미학 즉 광명시혜정신, 자기 희생정신, 대자대비 정신과 같은 정신적 혁명이라고 생각한다.

대리 강의

1999년 여름 방학을 이용해서 서울 초등시조교육 연구회에서 주관하는 "시조를 가르치자"는 제목으로 연수를 실시하였다. 때는 8월 19일부터 21일까지로 되어 있고, 장소는 서울 재동초등학교 강당으로 되어 있었다. 그곳에서 만든 책자를 보면 "99 여름방학 서울 초등시조교육 자율 연수자료"라고 되어 있는데, 이것을 참고해 보면 방학 기간을 통해서 교원 자율연수의 일환으로 실시된 것 같다.

하여간에 이곳에 가서 "시조창작 강좌"란 제목으로 특강을 했는데, 원래는 이 강좌를 월하 리태극 선생님이 하시도록 되어 있었던 것이다. 8월 18일 오전 느닷없이 월하선생님께서 전화를 주셨는데, 나에게 부탁할 일이 있다는 것이고, 그 내용은 서울 초등 시조교육연구회에서 실시하는 시조창작 강좌를 당신이 맡았는데, 나더러 대신 나가서 해달라는 이야기다. 선생께서 하시려고 대답했는데, 건강이 악화되어 도저히 나갈 수 없으니, 누군가는 대신해야 된다는 것이다. 그래서 선생님께 말씀드리기를 "제가 나가서 강의하는 것은 어렵지 않은데, 그 주관자와 통화를 한 다음에 결정해야 되지 않겠습니까."라고 하였다. 선생님 말씀이 본회의 회장 직을 이진호 교감선생이 맡고 있으니, 그

분과 통화해서 처리해 달라는 이야기다.

나는 이 교감과 통화를 하였고, 이튿날 강습 장소인 재동초등학교로 갔다. 그곳에서 안내인의 인사를 받았고, 회장 이진호 교감을 만났고, 본회 고문인 홍광식 선생을 처음으로 상면하였다. 오전 10시부터 한 시간 가량 강의를 했는데, 그 내용은 ① 시조란 무엇인가. ② 우리 민족 고유의 전통시가다. ③ 시조는 왜 중요하며 공부해야 되는가. ④ 시조는 어떤 사람들이 만들었나. ⑤ 시조는 정형시이고, 그 생명은 형식에 있다. ⑥ 시조의 기준 음수율 ⑦ 시조는 어떻게 지을 것인가. ⑧ 시조작품 감상 순서로 설명해 나갔다.

이렇게 할 수밖에 없는 것은 시조의 개념이나 특성을 인식하지 못한 상태에서는 아무리 창작 강좌를 열심히 해보아야 소득이 없을 것이라는 생각이 들었기 때문이다. 그래서 나는 영국에는 영시, 중국에는 한시, 일본에는 하이꾸가 있듯이, 우리나라에는 시조가 있어 우리 문학을 대표한다고 이야기하였다. 또 다른 예로 음악에는 국악, 복장에는 한복, 음식에는 한식, 의약에는 한약, 주택에는 한옥이 있듯이, 문학에는 시조가 있어 우리의 전통시가 노릇을 하고, 국민시, 민족시, 겨레시 역할을 한다고 역설하였다.

그 중에서도 특히 필자가 강조했던 것은 시조기원설에 대한 새로운 학설로 역학기원설을 주장한 점이다. 역학기원설이란 한마디로 3장 6구 12절의 시조형식이 주역에서 왔다는 것을 강조한 것이다. 따라서 시조는 이 땅에 성리학이 들어오기 이전에는 없었고, 이 땅에 성리학이 들어온 다음부터의 시조가 실제로 본인들이 지은 작품이라 보아야 한다. 다시 말해서 안향이 원나라로 가서 주자학을 접하게 된 해가 1286년(충렬왕, 12)이니, 그 이전의 작품은 가품(假品)이고, 그 이후의 작품은 진품이라는 이야기다. 그 당시 시조작품을 남긴 우탁, 이색, 정도전, 정몽주, 원천석, 길재, 성여완, 성석린, 이존오, 맹사성 등의 면면과 신분과 성격을 고찰해 보면 능히 짐작될 수 있는 바다. 이들이 모두 고려 말 대표적인 성리학자들이란 점에서 시조형식을 창안해 낸 이는 고려 말 신흥사대부였다는 설이 그대로 증명된 것이다. 그래서 역(易)의 원리에서는 태극→ 천지인삼재→ 육효→ 사상(四象)(사계절)→ 십이월(十二月)로 전개되었듯이, 시조형식에서는 무극(無極)→ 초중종 삼장→ 육구(六句)→ 사음보→ 십이절(十二節)의 틀을 갖추게 된 것이다.

그리고 시조를 어떻게 지을 것인가 하는 점을 5가지 이야기했고, 고시조와 현대시조 몇 작품을 해설 및 감상하는 것으로 시간을 마치었다. 아울러 다음과 같은 점을 역설하였던 것으로 기억된다.

1. 시조 한 수 못 지으면 교양이 없는 사람으로 치부되어 부끄럽게 생각할 정도가 되어야 한다.
2. 전문가에 의한 창작 시조도 중요하지만 우리나라 사람이면 누구나 지을 수 있는 '교양 시조'도 발전시켜야 한다.
3. 그것은 누구에게나 컴퓨터와 영어를 배우게 하는데, 내 생각으로는 그와 아울러 누구나 시조 한 수를 짓게 하는 것이 중요하다고 생각한다.

이런 점들을 강조하면서 그날의 시조창작 강좌를 마쳤는데, 강의를 마친 후 몇 사람이 따라와서 역학기원설을 새롭게 잘 들었다고 하였다. 하여간에 그 당시 수강생들은 80여 명 되었고, 이들이 모두 서울 시내 초등학교 교사라는 점에서 시조를 발전시키고 보급하는데 중요한 역할을 해주었으면 하는 기대를 해보았다. 또한 난생 처음 대리강의를 해보았다는데 의의를 두고, 월하 리태극 선생님의 건강이 하루 빨리 쾌유되기를 마음속으로 빌었다.

교량적 존재

우리나라는 1945년 민족 해방 이래 남북이 갈려서 대치 상태에 있고, 항상 충돌의 위험성을 내포하고 있다. 가장 큰 충돌이 6.25사변이었는데, 그 이외에도 크고 작은 충돌을 모두 열거하려면 이루 헤아릴 수 없을 정도다. 그러면 왜 그리 충돌이 잦은가? 이것은 양자가 선하지 못하기 때문이다. 만약에 양자가 절대선(絕對善)을 지녔다면 지금과 같은 충돌의 위험은 진작에 없어졌을 것이고, 화합과 통일을 이루었을 것이다.

그렇다면 양자가 모두 악한가? 그렇게 이야기할 수 없는 것이 인간이나 국가를 막론하고 절대선이 없듯이 절대악(絕對惡)도 없기 때문이다. 북한에도 선과 악을 겸비했을 것이고, 남한에도 선과 악을 겸비했을 것이다. 다만 북한은 선의 요소보다는 악의 요소를 훨씬 더 많이 지녔고, 남한은 악의 요소보다는 선의 요소를 더 많이 지녔다는 것이 다를 뿐이다.

북한 당국을 악의 집단이라 보는 것은 동족상잔의 피비린내 나는 6·25전쟁을 일으킨 장본인들이고, 그 이후에도 무력 도발을 끊임없이 자행해서 우리들을 괴롭힌 존재들이고, 그리고 해방 이후 현재까지 진실된 면이라고는 눈꼽만치도 보여주지 못하고, 거짓말투성이와 음해공작과 허위선전으로 일관해 왔기 때문이다. 양자 사이에는 충돌의 위험성을 완화 시켜주기 위하여 비무장 지대라고 하는 휴전선을 만들어 놓았다. 이러한 완충지대가 없었더라면 남북간에는 더 많은 충돌이 있었을 것이고, 더 큰 충돌이 있었을 것이다. 이처럼 두 집단 사이에 동질적인 요소가 없이 흑백으로 나뉘어 싸울 때는 그 충돌을 완화시켜 주는 공간적 배경을 설정해서 완충지대를 만들어 놓는 것이 필요 불가결하다고 본다.

두 가지 이질적 집단이 서로 충돌하거나 교류할 수 없게 완충지대를 만들어 놓는 중간적 존재가 있는가 하면, 두 가지 계층이나 장르 간에 자연스럽게 교류하면서 바톤을 넘겨줄 수 있도록 교량적 역할을 하는 중간적 존재도 있다. 예를 들면 우리 문학사에서 고소설에서 현대소설로 곧바로 넘어갈 수 없으니까 그것을 자연스럽게 교통하고 넘어갈 수 있도록 신소설 시대라고 하는 과도기를 설정한 점이 좋은 예라고 하겠다.

신소설이란 20세기 초에 등장한 일련의 개화기 소설을 총칭하는 것이며, 따라서 문학사적으로는 고소설의 점진적 쇠퇴와 현대소설의 등장이란 과도기적 공간을 담당하는 형태의 소설을 말한다. 신소설이란 새 명칭이 사용된 것은 1906년 2월 1일자 대한매일신보에 게재된 중앙신보(中央新報)의 광고문에서 비롯되었다고 한다. 이렇게 사용하기 시작한 신소설이란 용어는 그 뒤 갑오경장 이후에 나온 모든 작품에 반드시 신소설이란 명칭을 소설의 표제 위에다 첨가하면서 그 자리를 굳혀 나갔다. 그리고 갑오경장 이전에 나온 소설을 신소설의 체제와 같게 출간할 때는 '구소설' 또는 '고소설' 혹은 '고대 소설'이란 명칭을 소설 표제 위에다 첨가하였으니, 신소설이라 하면 갑오경장 이전에 나온 고소설에 대하여 새로운 소설이라는 개념에서 나온 명칭이라 할 수 있다.

이러한 신소설은 주로 당시의 민간신문에 일단 연재 되었다가, 이것이 다시 출판사에 의해서 단행본으로 발간되는 과정을 겪었다. 신소설의 출발이라고 일컬어지는 이인직의 「혈의 누」(1906)도 그 상편은 만세보에 연재되었으며, 그 하편은 제국신문(1907.5.17~6.1)에 연재되었던 것이다.

요컨대 신소설이란 개화기 시대를 배경으로 쓰여진 문학이며, 갑오경장 이후의 신사조를 반영한 문학이며, 갑오경장 이전의 고소설로부터 3.1운동 이후의 현대소설로 발달해 가는 과정에 그 중간적, 교량적, 역할을 담당하는 서사 형태의 문학을 지칭하는 명칭이다. 때문에 신소설 속에는 고소설적 요소와 현대소설적 요소가 각기 절반쯤 섞여 있는 것이 특징이고, 고소설에서 현대소설로 넘어가는 과도기적 형태를 띠고 있다는 점에서 완충지대가 아니라 교량적 존재라고 표현해야 맞을 것이다.

이와는 경우가 다르겠지만, 우리 인간 생활에 없어서는 안 되는 것 중에 상수도와 하수도가 있다. 우리 인간은 음식을 먹고 살지만, 그 '음'에 해당하는 마실 것을 제공해 주는 것이 상수도이다. 만약에 사람이 단 하루만이라도 물을 마시지 않고 지내보라, 또 식사를 한다고 하지만, 그 식사거리인 밥과 반찬도 물을 사용하지 않고서는 만들 수 없는 것 아닌가? 하여간에 물을 마시지 않으면 갈증이 나고 목이 타고 탈진 상태가 되어 모두들 쓰러지게 될 것이다. 이처럼 귀중한 생명수를 공급해 주는 것이 상수도이고 그것을 가정까지 연결해 주는 것이 상수도관이다.

그러나 물이나 음식을 먹는다고 해서 모든 것이 해결되는 것은 아니다. 그 먹은 것을 소화하고 영양분을 섭취한 다음에는 그 찌꺼기들을 배설해야 한다. 바로 이 배설물을 처리하여 주는 것이 하수도이고, 그것을 강이나 먼 바다까지 연결해 주는 것이 하수도관이다. 물론 이 과정에 가정에서는 정화조, 지방 단위로는 하수처리장이라는 것이 있어서 몇 번 거르는 과정을 거치긴 하지만, 어떻든 하수도를 통해서 이 모든 물질들은 멀리멀리 가게 되어 있다. 만약에 이러한 하수도가 없다고 생각해 보라. 그 더러운 오물들은 우리 주위에 넘쳐날 것이고 심한 경우는 방안까지 거슬러 올라와서 사람들을 질식하게 만들 것이다. 그러니 사람들에게 생명수를 공급해주는 상수도가 있다는 사실과 사람들이 만들어내는 그 모든 오물들을 처리해 주는 하수도가 있다는 사실이 얼마나 고마운 일인가. 그런네 상수도는 상수도관을 통해서 우리인간들에게 들어오고 하수도에는 하수도관을 통해서 우리 인간들을 떠나게 되어 있다.

이렇게 우리 인간 생활과 밀접한 관계를 가진 상수도관과 하수도관이지만, 그것들이 서로 만나거나 교류할 기회는 전혀 없는 것이다. 물론 어쩌다가 상수도관이 터져서 하수도로 빠지는 경우가 있고, 하수도 물이 상수도관 터진 데로 휩싸여 흘러 들어갈 경우가 있기는 하지만, 이러한 경우는 지극히 예외적인 것이다. 상수도관은 상수도관끼리 놀고 하수도관은 하수도관끼리 놀게 되어 있는 것이다. 이것은 마치 기차의 양 바퀴를 굴러가게 하는 레일과 같아서 항상 따로 놀게 되어 있지 서로 교통할 기회가 없다는 사실이다.

그런데 공교롭게도 사람들이 이 양자를 관통시켜주는 연결통로 구실을 하고 있는 것이다. 구강을 통해서 상수도 물을 마시고 항문을 통해서 하수도 물을 만들고 있으니, 사람이란 다름 아닌 상수도와 하수도를 연결시켜 주는 중간적, 교량적 존재라 아니할 수 없다. 그러니

까 사람들의 구강은 상수도관에 해당하고 항문은 하수도관에 해당된
다는 사실이다. 구강은 상수도요 항문은 하수도이다.

　요컨대 사람이란 상수도에서 하수도로 넘어 갈 수 있게 하는 중간
자요, 교량적 존재요, 과도기적 형태라는 것이다. 그런 점에서는 남녀
노소, 상하 계급, 빈부귀천 가릴 것 없이 마찬가지다. 그러니 사람들
은 겸손하고 자중해야 한다. 쓸데없는 오만과 허위와 극단적 이기심
을 버리고 자연과 순리에 따라 살아가야 한다. 기껏해야 상수도와 하
수도를 이어주는 연결 통로인 교량적 존재에 불과하니까…

제복의 부자유스러움

사람들은 기본적으로 의식주 문제가 해결되기를 바라고, 그 다음에는 언론의 자유와 행동의 자유 등 자유롭게 살아가기를 희망한다. 누군가 '자유가 아니면 죽음을 달라'고 말했듯이, 자유는 우리 인간들이 희구하는 가장 큰 바람의 하나이다. 그런데 어느 국가가 되었든 사회가 되었든 집단이 되었든 그 속에 자유가 있느냐 없느냐 하는 문제는 실제로 살아보아야 아는 것이고, 다만 실제 경험하지 않고서 알려면 외형적인 문제로 그들 집단이 입고 있는 복장을 보면 미루어 짐작할 수 있다.

우선 먼저 남북한 사회의 민중들이 입는 복장을 봐라. 북한 사람들은 대부분이 인민복이라고 하는 제복을 입고, 여성들은 흰 저고리에 검정 치마를 주로 입고, 아동들은 그들 나름의 특유한 제복을 입고서 걸음걸이마저 군대식으로 걷고 있다. 그에 비해 남한 사람들은 모든 사람들이 개성을 살려서 자기의 취향에 맞게 옷을 골라 입고, 빈부귀천과 자신의 능력에 따라 고가품이나 저가품을 자유로 선택하여 입고 다닌다.

심지어는 외제 사치품을 비싸게 사서 입고 다니는 사람들이 많아

빈축의 대상이 되기도 한다. 인간의 자유를 구속하는 방편의 하나로 쓰여지는 것이 복장 문제이다. 단체복이나 제복을 입게 하는 곳은 대부분이 자유가 없고, 제멋대로 옷을 입고 다니게 하는 곳은 자유가 충만한 곳이다.

우리 인간들이 제일 가기 싫어하는 곳으로 우선 죄인들을 가두어 두는 감옥을 들 수 있고, 병역의 의무라고 해서 가두어 놓고 호된 훈련을 시키는 군부대가 있고, 그 다음으로는 모진 병이 들어서 어쩔 수없이 입원 생활을 해야 하는 병원이 있다. 감옥 생활을 사람들이 제일 싫어하는 것은 무엇보다도 자유가 없기 때문이다. 말하는 자유, 먹는 자유, 행동의 자유 등을 구속하고 주어진 규칙에 따라 꼭두각시처럼 움직이게 하기 때문이다. 몇 평 안 되는 공간에 가두어 놓고 푸른 수의를 일제히 입게 하고, 권리를 주장하기 보다는 오로지 복종하고 순종하는 의무만이 주어지기 때문이다. 머리는 왜 민둥산처럼 깎이는 건지….

하여간에 사람이 사람대접을 못 받고 비굴하게 사는 곳이 감옥 아니겠는가. 휴전선 북쪽에 바로 이러한 감옥 공화국이 있다는 것은 정말로 우리 민족의 불행이라 아니할 수 없다. 감옥 생활이 나쁘다는 것은 방만한 크기의 공간에 가두어 자유행동을 못하게 하고, 간수들한테 오로지 복종하고 순종하는 의무만이 주어지고, 인간이하의 대접을 받으면서 그 모든 자유를 박탈당한다는데 있다. 그런 것을 증명이라도 하듯 그들에게는 무슨 제복이라도 되는 것처럼 일제히 푸른 수의를 입혀서 바깥세상의 자유인들과 구별하고 있는 것이다.

그 다음 철저하게 제복을 입히는 곳이 군대이다. 말이 좋아서 군대이지 그 옛날 졸병 생활을 해본 사람은 제2의 감옥이라고 생각했다. 논산 훈련소에 들어가면 우선 먼저 머리부터 깎이었는데 이것부터가 감옥과 비슷하지 않는가. 훈련을 시킨다는 미명 아래 별의별 묘안을 짜내서 사람들을 괴롭히는 곳이 군대이다. 말이 좋아서 신성한 국방의 의무를 다하는 곳이지, 어떤 때는 내가 군대 생활을 하는 건지, 적진에서 포로 생활을 하는 건지 분간되지 않을 정도였다. 하여간에 군대가 감옥과 다른 것은 전자는 신성한 국방의 의무를 다하기 위해 참여한 사람들이고 후자는 법을 어기고 못된 짓을 해서 잡혀온 죄인들이란 점이다.

전자는 20세 전후의 젊은 남자들만 모아놓은 곳이고 후자는 남녀노소 할 것 없이 범죄를 저지른 사람들을 일반 사회와 격리시키기 위하여 수용한 곳이란 점이다. 또 한 가지 다른 점은 군대는 그래도 단위부대라고 하는 큰 울타리 안에서는 마음 놓고 돌아다닐 수 있는데 감옥은 그야말로 한두 평 공간 안에 갇혀서 햇볕도 못 보고 숨 막히는 생활을 한다는 점이다.

반면에 감옥과 군대가 유사한 점은 두 군데가 다 그곳에 있는 사람들에게 푸른 제복을 입힌다는 점이다. 감옥에도 탈출을 할 수 없게 철창을 막아 놓았고, 군대에도 탈출을 할 수 없게 철책선으로 막아놓았다. 말할 자유, 먹을 자유, 잠잘 자유 등 일체 행동의 자유가 없다는 점에서도 비슷한 데가 있다. 군대는 상하 관계가 너무 엄격하여 윗사람한테 무조건 승복해야지 공연히 자기주장을 폈다가는 명령 불복종 죄에 걸린다. 하여간에 사람이 이 세상에 태어나서 두 번 가서는 안 되는 곳이 감옥 다음에는 군대의 졸병 생활이다.

그 다음으로 사람이 가서는 안 될 곳이 감옥과 군대 다음에는 병원이란 곳이다. 감옥은 어쩔 수 없이 붙들려 간 곳이고, 군대도 어쩔 수 없이 끌려간 곳이고, 병원은 자기가 필요해서 찾아간 곳이란 점이 다를 뿐이다. 감옥에는 간수가 있고, 군대에는 상관이 있고, 병원에는 의

사가 있는데 간수와 죄인, 상관과 졸병, 의사와 환자의 관계는 엄격한 상하 관계가 성립되어 있다. 여기서 지배 계급에 해당하는 간수, 상관, 의사는 절대 권위를 자랑하며 불친절하고 오만 불손하기 이를 데 없다는 점에서 공통점이 있다. 이들에게 지배를 받는 죄인, 졸병, 환자 등은 사실상 사람 취급을 못 받는다. 지배계급과 피지배 계급의 관계는 지배계급은 절대권위를 자랑하면서 명령만 한다는 점이고, 피지배계급은 그 명령에 복종하고 순종하는 의무만이 주어진다는 점이다.

이 병원에도 사람들의 자유행동을 구속하기 위하여 일제히 환자복이란 것을 입혀 놓았다. 그 거대한 병동마다, 또 각 층마다 환자들로 꽉꽉 들어찬 것을 보면 가히 장관이다. 하여간에 병원에 와보면 이 세상 사람들이 모두 환자 같다는 생각이 든다. 뇌수술, 간장수술, 심장수술, 위장수술, 항문수술을 받은 사람 등 모두가 수술을 받고 주사를 맞는 사람들로 꽉 차있다. 그러자니 머리를 찢은 사람, 가슴을 짜갠 사람, 배나 옆구리를 짜갠 사람, 항문수술을 받은 사람, 팔다리를 수술 받은 사람 등 별의별 사람들을 다 만나게 된다.

어떻든 입원을 하게 되면 일거수일투족을 의사의 지시에 따라야 하고, 먹는 거, 자는 문제도 준 군대 생활을 해야 한다. 군대와 다른 것은 병원 둘레에 철조망이 없다는 점이고, 그래도 자기 나름대로 휴식을 취하면서 쉴 수 있다는 점이고, 준수해야 할 규칙은 많지만 강제로 동원되어 훈련을 받지 않아도 된다는 점이다. 군대는 좋든 싫든 간에 젊은 남자라면 의무적으로 가게 되어 있지만 병원은 가기 싫으면 안 가도 되고, 의무적으로 끌려가는 것이 아니라 환자가 필요해서 찾아가는 곳이란 점이 다를 뿐이다. 병원 안에서는 사회적 지위 같은 것은 무시되고, 나이 많다는 것도 소용없고, 무조건 의사는 상관 환자는 부하이다. 이러한 자리매김을 철저히 하기 위하여 환자들에게는 일제히 환자복이란 것을 입혀 놓고 있다. 나도 어쩌다가 건강관리를 잘못해서 5번이나 입원했다 퇴원한 경험이 있는데, 안 가면 안 갈수록 좋은 곳이 병원이란 곳이다.

하여간에 집단적으로 똑같은 제복을 입혀 놓은 곳 치고 좋은 곳이란 한군데도 없다. 감옥, 군대, 병원 등이 집단적으로 제복을 입혀 놓고 사람들을 길들이는 곳인데, 이런 곳에 수용된 사람에게는 첫째로 자유가 없고, 둘째로 사람대접을 못 받는다는 점에서 우리들이 멀리하고 경계해야 할 장소이다.

양반과 쌍놈

양반과 쌍놈이란 과거 신분 계급사회에서 제도적으로, 보편적으로 쓰이던 상용어이다. 오늘날처럼 민주주의 제도가 발달하고 만민 평등 시대를 맞이해서는 사실상 그 용어를 사용하지 않게 되었고, 적용하기도 어려운 과거의 유물처럼 되어 버렸다. 양반이란 말을 사전에서 찾아보면 고려나 조선시대의 지배 신분층을 가리키는 말이라고 하였다. 처음에는 관제상의 문반과 무반을 지칭하는 개념으로 쓰였는데, 이것은 남향한 국왕에 대하여 동쪽에 서는 반열을 동반(문반), 서쪽에 서는 반열을 서반(무반)이라 하고, 이 두 반열을 통칭하여 양반이라 일컬었던 것이다. 이것을 역사적으로 살펴보면 고려시대는 995년부터 문무산계가 실시됨에 따라 관제상의 문무 양반체제가 갖추어지게 되었으며, 제도적인 측면에서는 문반과 무반이 동등한 대우를 받는 것으로 되어 있었다.

그렇더라도 고려시대에 있어서는 문·무산계가 불균형하게 활용되었으니, 고려의 양반체계는 지나치게 문반위주로 치우쳤다는 평을 받아왔던 것이다. 이와 같이 불균형한 고려의 문·무 양반체제는 조선 초기에 이르러 어느 정도 균형을 찾게 되었다. 즉 1390년(공양왕 2)에

무과가 설치되고, 1392년(태조원년)에 문·무산계가 제정 실시됨으로써, 명실상부한 문·무 양반체제가 갖추어지게 되었다. 그리고 1392년 7월의 문·무산계는 약간의 수정을 거쳐 경국대전에 성문화되기에 이르렀다. 이로써 조선조 양반체제의 제도적 기반이 되는 문·무산계는 확정되었고, 관제상의 문·무반이라는 의미의 양반개념도 확고한 제도적 근거를 갖게 되었다. 한편 양반은 사대부(士大夫), 사족(士族), 사류(士類), 사림(士林)이라고 지칭되기도 하였는데, 사대부란 본래 문반 4품 이상을 대부(大夫), 문관 5품 이하를 사(士)라고 한 데서 나온 명칭이었다.

이러한 양반 사대부가 되는 덕목은 유교 교양, 관직 이외에 도덕성을 지녀야 하는 조건이 붙어 있었다. 박지원의 <양반전>을 보면 "글을 읽는 사람을 사(士)라 하고, 벼슬하는 사람을 대부(大夫)라 하며, 덕이 있는 사람을 군자(君子)라 한다."라고 되어 있다. 그리고 이어서 "양반을 일컫는 말은 선비, 대부, 군자 등 여러 가지인데 네 마음대로 하라, 더러운 일은 하지 말고, 옛일을 본받아 뜻을 세운다. 오경(五更)에는 항시 일어나서 유황을 뜯어 기름불을 켜고, 눈은 코끝을 보면서 발꿈치를 모아 꽁무니를 괴고, 동래박의(東萊博議)를 얼음에 박 밀듯이 띄우고 ~중략~ 소를 잡지 않고 노름을 하지 않는다."라고 되어 있다.

여기에 덧붙여 "하늘이 백성을 낼 때, 그 백성이 넷이고, 사민(四民) 가운데 가장 귀한 것이 선비다. 이것을 양반이라 일컬으니, 그 이익이 막대하다. 농사도 하지 말고 장사도 하지 말고 대강 문사(文史)나 섭렵하면 크게는 문과에 오르고 작아도 진사는 된다. 문과 홍패(紅牌)는 두자 밖에 안 되지만 백물이 갖추어져 있는 돈주머니이다."라는 내용도 있다.

조선시대의 신분제도는 양반, 중인, 양인, 노비로 분류되었다. 양인은 다시 상인, 백성, 평민으로 불리었으며, 노비와 함께 사회의 재생산을 담당한 피지배 계급이었다. 양인보다 더 아래 신분이었던 노비는 인격을 가진 존재가 아니라 물적 재산처럼 매매, 상속, 저당, 증여가 가능하던 최하층의 인구였다. 노비는 소유자에 따라 공노비와 사노비로 나뉘어 지며, 그에 따라 공노비와 사노비의 직업, 예속도, 사회적 지위 등에서 약간의 차이가 있었다. 공노비는 국가의 기관에 소속되어 번을 나눠 선상되어 각종 잡역이나 수공업품 제조에 종사하거나 신공(身貢)을 바쳤다. 사노비는 개인에게 소속되어 있었으므로 강한 예속을 받았고, 주로 가사노동은 가내노비가 농업노동은 외거노비가 담당하였다.

하여간에 노비는 소유자가 국가이든 개인이든 소유자의 사회적 권위와 경제적 이익을 위하여 봉사하였다. 이러한 신분적 지위에서 기본적으로 생성된 노비의 생활양식은 유교적 가치에서 보면 비천하기 짝이 없으므로 노비는 자연히 혹심한 사회적 천대를 면할 수 없었다. 이처럼 양반이니 쌍놈이니 하는 것은 조선시대 철저한 신분계급 제도에서 발생한 시대적 사회적 현상이다. 양반은 지배계급 쌍놈은 피지배계급, 양반은 귀족계급 쌍놈은 천인계급, 양반은 과거제도를 통해서 높은 벼슬을 할 수 있고 쌍놈에게는 이러한 관계 진출의 길이 막혀 있었다.

양반은 부귀영화를 누릴 수 있고, 자유롭게 살 수 있지만, 쌍놈은 가난하게 살면서 자유를 억압당해야 했다. 하여간에 양반과 쌍놈은 주종관계이지 평등한 관계는 아니었다. 그러기에 양반은 자기의 위치에 따라서 권세를 불릴 수 있었지만 쌍놈은 오로지 복종하고 순종하고 억압당하고 착취당하는 대상이었다. 그래서 양반은 모든 이들이 부러워하는 선망의 대상이었지만 쌍놈은 모든 이들에게 멸시당하는 인간 이하의 취급을 받았다. 양반에게는 이러한 특혜가 있는 반면에 학식과 교양이 있어야 하고 예의와 염치를 알아야 하고 덕망과 품위를 지켜야 하는 조건이 전제되었다. 그러나 쌍놈은 어차피 양반들에게 종속되어 양반들이 시키는 대로만 하면 되니까 그러한 조건들을 갖추어야 할 필요가 없고, 그저 비굴하고 굽실거리면서 생존수단만 이어가면 그것으로 만족할 수밖에 없었던 것이다.

이제까지 양반과 쌍놈에 대하여 역사적으로 이론적으로 살펴보았거니와, 오늘날은 민주주의 시대요 만민 평등시대이니 옛날과 같은 양반 쌍놈이 존재할 수 없다. 신분적 차등이 없으니 지배계급과 피지배 계급도 없고, 반면 평등시대이니 권세를 부리는 자와 부림을 당하는 자가 없을 것 같이 생각된다. 그러나 옛날 조선시대의 양반과 쌍놈의 개념 그대로 존재하지는 않지만, 현대판 새로운 개념의 양반과 쌍놈은 존재한다고 생각된다. 현재는 자본주의 시대이니까 혹자는 돈 많은 부자들은 양반이요 돈 없는 가난뱅이들은 쌍놈이라고 생각할 수도 있다. 그러나 필자가 생각하기에는 현대판 반상구별을 돈의 유무, 학식이나 전문기술의 유무, 관직의 유무, 사회적 지위의 유무, 훌륭한 조상을 둔 문벌의 유무로 구분해서는 안 된다고 생각한다. 그보다는 사람 됨됨이와 인품, 교양, 덕망 등으로 구별해야 된다. 위인이 정직하고 성실하고 예절 바르고 선량하고 합리적이고 도덕성이 있고 다른 사람들에게 피해를 주지 않고 봉사하면서 살아가는 사람들은 양반들이다. 그리고 강자의 불의를 보고서 타협하거나 편승하지 말고 소신껏 바른 것을 향해서 가면 바로 그런 사람들이 양반이다.

반면에 이런 사람들을 쌍놈이라고 생각한다. 돈을 제 조상보다 더 위하는 사람, 자기는 가장 양심가라 선전하면서 세상 모든 사람들을 싸잡아서 나쁘다고 욕하는 사람, 옳고 그르고를 떠나서 자기편이 돼

주면 충신이고 반대편에 서면 역적이라 치부하는 사람, 남이 하는 말이나 행동에 사사건건 물고 늘어지는 사람, 별것도 아닌 문제를 크게 부풀려서 왜곡시키고 선전 선동을 하는 사람, 그가 써놓은 글을 보면 성인군자 같은데 실제의 행동은 개차반인 사람, 자기가 하는 일은 무조건 옳고 남이 하는 일은 무조건 틀렸다고 배척하는 사람, 공평무사하지 않고 한쪽으로 치우치는 사람, 언행이 세련되지 못하고 거칠고 폭언을 일삼는 사람, 장유유서도 모르고 연장자를 딛고 깔아뭉개려는 사람, 쌍말을 함부로 하면서 그것을 자랑스럽게 여기는 사람, 예의와 염치를 모르고 주책을 떠는 사람, 회의를 할 때면 상대편 말을 이해하려 하지 않고 공격만 해대는 사람, 궤변을 늘어놓으면서 진실이라 강변하는 사람, 남을 공격할 줄만 알았지 관용과 용서를 베풀 줄 모르는 사람, 면전에서는 욕하는 사람이 없는데 뒷소문을 들으면 많은 사람들이 나쁘다고 손가락질 하는 사람, 줏대 없이 이해관계에 따라 간에 가서 붙고 쓸개에 가서 붙고 하는 사람, A한테 가서는 A에게 아첨하고, B한테 가서는 A를 욕하면서 B에 충성하는 것처럼 이중 플레이 하는 사람, 아침에 한 말을 저녁에 바꾸고 거짓말을 밥 먹듯이 하는 사람, 저한테 일이 있으면 도와 달라고 하면서 상대방에 일이 있을 때는 도와주기는커녕 훼방을 놓는 사람, 자기가 한말을 지키지 않고 손바닥 뒤집듯이 바꾸면서 사과할 줄 모르는 사람, 이 외도 더 열거하려면 지면이 모자랄 정도다. 이런 놈들이야 말로 현대판 쌍놈이 아니고 무엇이겠는가.

인생이란 무엇인가

우리 인간들은 이 세상을 살아가면서 도대체 인생이란 무엇인가 하는 물음에 직면할 때가 있다. 그러나 어느 책을 보아도 어느 스승을 만나도 이 문제에 대하여 시원한 답을 준 경우는 찾아볼 수 없다. 그렇더라도 우리들은 여전히 하루 세끼 밥은 먹어야 하고, 무엇인가 끊임없이 꾸물거리면서 일해야 하고, 희비애락의 감정을 표출하면서 하루하루를 살아가야 한다. 나도 모르게 이 세상에 태어났으니 살아가는 것이고, 살아가자니 열심히 일해야 하고, 그러는 과정에 본의 아니게 남들과 부딪치면서 여러 가지 갈등을 유발하게 될 때도 있다.

또 대부분의 사람들은 먹고 살기가 힘들어서 지친 심신을 이끌고 허둥지둥 살아가고 있다. 그런가 하면 아무런 죄도 없이 아무런 이유도 없이 이놈저놈에게 얻어터지면서 살아갈 때도 있는 것이다. 고려가요 중의 청산별곡을 보면 "어듸라 더디던 돌코/누리라 마치던 돌코/믜리도 괴리도 없이/마자서 우니노라"라고 되어 있는데, 이 작품의 주인공 또한 공연히 지배계급과 힘 있는 자에게 얻어맞으면서 살아간다는 것을 솔직하게 고백한 것이다. 사람이 이 세상을 살아가다 보면 여러 가지 경우를 겪게 되겠지만, 적어도 남에게 부당한 압박을 받거나 부당한 괴롭힘을 당하면서 살아가는 일만은 없어야 할 것이다. 다시 말해서 억울한 일, 한 맺히는 일, 착취당하는 일, 사기 당하는 일만은 당하지 않고 지내야 이 세상을 즐겁게 살아갈 수 있는 것이다.

그런데 우리나라에는 제멋대로 권력을 휘두르는 사람, 부당한 방법으로 재산을 모으는 사람, 어리석고 착한 사람들을 사기해 먹는 부류들이 많으니 문제가 아닌가? 인생이란 무엇인가 하는 문제를 생각해 보려다가 공연히 쓸데없는 푸념만 늘어놓았는데, 실제로 이와 같은 문제들이 비일비재하게 일어나고 있으니, 쓸데없는 이야기로 치부할 수만은 없다고 생각한다. 그러면 인생이란 무엇인가. 또 어떻게 사는 것이 가장 현명하고 지혜로운 방법인가. 이 문제는 사람이면 누구나 한번쯤은 생각해 보았을 것이고, 더구나 선현들이나 철학자들께서는 더 많은 고민을 했을 텐데, 지금까지 정답이 없는 것을 보면 그만큼 해결하기 어려운 난제요, 또한 수학의 공식을 적용해서 정답을 구하듯 할 수는 없는 문제라고 헤아려진다.

그러기에 똑같은 인생 문제를 다루었으면서도 공자님 말씀 다르고, 부처님 말씀 다르고, 예수님 말씀 다른 것 아닌가. 그 외 수많은 사람들에게 물어보아도 이러한 현상은 되풀이 될 것이고, 똑같은 답을 주는 이는 거의 없을 것이다. 공자님은 사람이란 본질적으로 무엇인가 하는 문제를 말씀하기 보다는 사람들이 주로 지켜야 할 문제에 대하여 말씀하셨고, 부처님도 주로 사람이 해야 할 일과 해서는 안 될 일에 대하여 말씀하셨고, 예수님 또한 그런 말씀을 하시면서 무조건 나를 믿고 따르라고 하시었다. 그리고 이러한 선현들의 말씀은 너무 고차원적이고 현실감이 없어서 우리 보통 사람들이 실천하고 따르기에는 무리한 것들도 많이 있다.

그러면 먼저 인생이란 무엇인가 하는 문제에 대하여 생각해 보자.

정답이 없으면 비슷한 답이라도 구해야 할 것이고, 그런 것들이라도 늘어놓으면서 한번쯤은 되새겨보는 기회를 가져야 한다. 다만 미리 예고해 둘 것은 단 한마디로 대답할 수는 없는 것이고, 여러 가지로 나열법을 쓰면서 엇비슷하게 이야기할 수밖에 없다는 점을 밝혀둔다.

첫째로 사람은 어울려 사는 존재이다. 태어날 때부터 부모 형제와 어울려 살아야 하고, 가족 친지들과 어울려 살아야하고, 이웃 사람들이나 낯선 사람들과 함께 어울려 살아야 한다. 어울려 살면서 남의 도움을 받아야 하고 남을 도와주면서 살아야 한다. 심지어는 과부나 홀아비가 되고 고아가 되었더라도 자아 외에 타인들과 공존 공생을 해야 한다. 어떤 때는 미운 놈, 보기 싫은 놈, 원수 같은 놈, 나를 괴롭히는 놈하고도 머리를 맞대고 어울려 살아야 하니 인생이란 참으로 괴로운 것이다. 그저 떨어져서는 못 살 것 같은 사람, 언제나 머릿속에 그리고 있는 사람, 보고 있어도 또 보고 싶은 사람하고만 어울려 살게 된다면 그보다 더한 행복은 없을 것이고, 그저 항상 신바람 나서 둥둥 떠다니는 기분이 들것이다.

둘째로 사람은 배우고 익히는 존재다. 이 세상에 나와서부터 배우기 시작하여 초등학교에서 대학까지 배우고 그것도 부족하여 대학원이나 평생교육원을 다니면서 배운다. 배운다는 것은 실력 있는 지도자가 되겠다는 것이고, 익힌다는 것은 숙련된 전문기술자가 된다는 이야기다. 이렇게 배우고 익히지 않고서는 부모의 곁을 떠나서 독립적인 생활을 할 수 없고, 궁극적으로는 살아남지 못하고 도태하게 된다. 하여간에 우리들은 전문적인 실력을 쌓거나 기술 한 가지라도 익혀야 이 세상을 살아갈 수 있다. 그렇지 않고서는 이 경쟁 사회에서 하루도 견딜 수 없으니 어쩌겠는가. 인간은 이 세상에 태어나면 우선 먼저 말을 배우고, 그 다음에는 걸음마를 배우고 그 모든 것을 배우게 되어있다. 그래서 잘 배운 사람들은 잘 살고, 못 배운 사람들은 못 살게 되어있다. 어린 시절부터 사람들은 반드시 학교에 들어가고 부모들은 어떤 일이 있어도 자식들을 가르치려 드는 것은 사람은 배우고 익히는 존재라는 것을 실증적으로 보여주는 것이다.

셋째로 사람은 끊임없이 일하는 존재이다. 어린 아이나 늙은이 등 노약자를 빼고는 모든 사람들이 아침에 일어나서부터 저녁에 잠들기 전까지 끊임없이 일하고 움직이는 것을 보면 과연 인간은 일하는 존재라는 것을 실감시켜 준다. 앞에서 사람은 배우고 익히는 존재라고 했는데, 그 배우고 익히는 작업도 바로 평생 동안 일하기 위해서 그렇게 하는 것이다. 그래서 이 세상에서 가장 불쌍한 사람은 일할 수 없는 사람, 일자리가 없는 사람들이라 할 수 있다. 왜냐하면 일하지 않고서는 의식주 문제를 해결할 수 없고, 따라서 인간대접을 받을 수 없기 때문이다. 어쩌면 사람은 이 세상에 태어나기를 끊임없이 일하기 위해서 태어났는지도 모른다. 그것도 그냥 일만을 해서는 안 되고 남보다 더 부지런히 더 열심히 해야 한다. 그래서 인간 사회를 경쟁사회라 부르는데, 그 경쟁에서 이기면 발전하고 이기지 못하면 낙오하게 된다. 그러니 사람은 끊임없이 일하고 끊임없이 경쟁하는 불쌍한 존재라는 생각이 들 때도 더러는 있다.

넷째로 사람은 새로운 것을 창조하는 존재이다. 지구상에 인류가 출현하면서부터 사람들은 끊임없이 새로운 것을 창조해 왔기에 오늘날과 같은 인류문화의 발전을 가져온 것이다. 최첨단 과학이란 말이 나올 정도로 인류의 생활은 편리해지고 질적으로 양적으로 향상된 것이다. 그러나 동물의 세계를 보면 이러한 창조성이 없으니 몇 만 년 전 동물이나 오늘날의 동물이나 나아진 것이 없이 그 모양 그대로요 달라진 것이 없다. 그러니 사람과 동물이 다른 것 중에 하나가 바로 이 창조성에 있다고 해도 과언은 아니다. 인간은 끊임없이 무엇인가 추구하게 되고, 미래 사회를 개척하게 되고, 이상 사회 건설을 위하여 노력하게 되는데, 이러한 것은 바로 인간에게 창조성이 있기에 가능한 것이다. 개인적으로 보아도 창조 정신이 있는 사람은 나날이 발전하지만, 그것이 없는 사람은 몇 10년 후에 만나도 전과 다름없이 그 모양 그 꼴로 살아간다. 그러니 무엇인가 계속해서 생각하고 연구하고 아이디어를 짜내면서 살아가자고 부탁드린다. 그리고 옛것을 아끼고 존속시키는 것도 좋지만 또 다른 것을 창조해 내는 실험 정신이야말로 발전의 원동력이 된다는 것을 강조해 둔다.

다섯째로 사람은 정신적인 만족을 희구하는 존재이다. 제 아무리 배불리 먹고 편안하게 잠자면서 살아도 정신적으로 불만족스러우면 마음의 평정을 얻을 수 없다. 인간은 돈이 억수로 많다고 해서 행복한 것도 아니고 지위가 하늘처럼 높다고 해서 행복한 것도 아니다. 차라리 자기의 분수를 알고 적당한 선에서 만족하고 자위하면서 살아야만 오히려 행복할 수 있다. 사람은 항상 이상 세계를 추구하고 진선미를 추구하면서 살아가게 된다. 그래서 이상 세계를 현실화하고 진선미를 획득하였으면 더 이상의 행복은 없는 것이다.

그러나 사람들 중에 이와 같은 일을 실현하면서 살아가는 사람이 과연 몇 명이나 되겠는가. 인간은 정신적 존재이다. 그래서 인간은 육체적으로 만족하고 물질적으로 풍부한 것만으로는 행복감을 느끼면서 살 수 없다. 바로 이러한 점이 짐승이나 다른 동물들과 다른 점이다. 사람도 육체적, 관능적, 물질적인 것만 추구하면서 살아간다면 짐승이나 다를 바가 없다. 인간은 정신적인 면과 이상 세계를 추구하면서 살아가기에 오늘날과 같은 찬란한 인류문화를 건설한 것이다. 그러니 정신적인 행복감을 느끼면서 살아가려면 불교에서 말하는 '마음'을 잘 컨트롤 하는 일이 첩경이라고 생각한다.

이밖에도 인간에 대한 '인간론'을 펼치려면 지면이 모자랄 정도로 할 이야기가 많다. 그렇더라도 인간은 자연의 이법에 따라 생장성쇠의 길을 간다는 것을 알아야 한다. 이것을 생로병사라 표현하기도 하지만 우리들은 저 푸르던 나뭇잎사귀가 언젠가는 낙엽 져서 떨어지듯이 이 세상을 떠나야 한다. 이러한 삶의 원리를 그 옛날 월명사는 <제망매가>라는 작품에서 "생사로난 예 이샤매 저히고/ 나는 간다는 말도 못다 이르고 가나닛고/ 어느 가을 이른 바람에 여기저기 떨어지는 잎같이/ 하단 가제나고 가는 곳 모르온뎌"라고 노래 했던 것이다. 인생무상이란 말로 표현해야 좋을까. 언젠가는 낙엽처럼 이 세상을 떠날 몸인데, 왜 이전투구하면서 싸우고 천년만년 살 것처럼 나대는지 모르겠다. 그러니 짧은 세상 정말 착하게, 겸손하게, 욕심을 덜 내면서 살아가자고 권해본다. 따지고 보면 인간은 주어진 운명에 따라 살아가는 것이고, 내일이면 좀 낫겠지 하는 생각에 속으면서 살아가는 것 아니겠는가. 인간이 이 세상에서 가장 귀하고 높은 존재이기도 하지만, 사실은 별 것 아닌 존재이니 부단히 노력하고 실력은 쌓되, 화내지 말고 웃으면서 사는 것이 지혜로운 삶의 방법이다. 그리고 하나도 참고 둘도 참고 열도 참으면서 살아가면 틀림없이 좋은 날을 맞이하리라 확신하는 바이다.

둘째 딸의 결혼

딸을 시집보내고 아들을 장가 드리는 것은 인간사 중에서 예사롭게 있는 일이다. 그처럼 예사롭게 있는 일이고 누구에게나 있는 일이지만 결혼처럼 중요한 일은 없기에 이것을 인륜지대사라 하고 많은 사람들이 결혼 당사자와 그 가족들을 축하해 준다. 나는 그 동안 다른 분들의 결혼식에 많이 참여해 보았지만, 내가 자녀를 결혼시키느라고 많은 하객들에게 축하와 격려를 받아보기는 이번이 처음이었다. 둘째 딸의 결혼이면서도 이번이 처음이라고 한 것은 언니와 오빠를 제쳐 놓고 막내딸이 먼저 가게 되었기에 하는 말이다. 사실 내 입장에서는 언니를 먼저 시집보내고, 그 다음 오빠를 장가 드리고 끝으로 막내딸을 시집보내려고 했는데, 이 또한 사람의 뜻대로 안 되는 일이기에 순서를 바꾸어서 막내딸이 먼저 시집가게 되었던 것이다.

그 동안 딸의 결혼 준비를 하느라고 바쁜 나날을 보낸 탓도 있겠지만, 나와 내 아내는 그저 담담하게 아무렇지도 않은 듯이 결혼식 날짜를 맞이할 수 있었다. 사람들이 "딸을 시집보내면서 서운하겠어요"라고 인사말을 건네올 때도 나는 딸이란 으레 키워서 시집보내게 마련인데 무슨 섭섭한 생각이 들랴 하고 대수롭지 않게 받아 넘기고 자연스럽게 웃을 수 있었다.

　그런데 막상 결혼식 전날 밤, 11쯤 자리에 누웠는데도 좀처럼 잠들지 않는다. 마음은 잠들고 싶고 몸은 잠들지 않고 이런 경우처럼 안타깝고 답답한 일은 없지 않는가. "대학을 나왔지만 아직도 철부지인데 저 어린 것이 시집가서 어떻게 살아가려는지", "곱게만 키우다 보니 여자로서 해야 할 일을 한 가지도 제대로 배운 것이 없는데…", "마냥 재롱이나 피우고 어리광이나 피우다가 갑자기 독립해서 살아가야 하니 얼마나 고충이 많을 것인가." 이런 저런 생각을 하다 보니 시계는 자정을 넘어 새벽 2시를 알리고 있었다.

　그 이튿날은 결혼식 한 시간 전에 공항 터미널 예식장으로 나갔다. 미리 나가서 이것저것 챙겨보고 손님 맞을 준비를 해야 했기 때문이다. 시집가는 딸을 빼고는 우리 식구들 전부가 예식장 입구에 일렬로 서서 찾아오는 손님을 맞이했다. 그 중에는 자주 만난 사람들도 있지만, 대부분 오랜만에 만나는 반가운 분들, 이 많은 분들이 줄지어 찾아와서 나의 혼사를 축하해 주니 얼마나 기분 좋고 즐거운 일인가. 드디어 대망의 예식이 시작되고 신랑 입장 신부 입장 순서로 진행되었다. 신부를 인도하여 들어갈 때는 그 많은 하객들의 시선을 받으면서 우리 부녀는 조심조심 들어갔다. 신랑신부 맞절이 있었고, 혼인서약이 있었고, 성혼선언문 낭독이 있었고, 주례사가 있었지만 아무런 동요 없이 지켜볼 수 있었다.

　그러나 주례선생님이 신랑신부 내빈께 인사드리라는 말과 함께 내빈들을 향하여 돌아섰을 때는 내 귀여운 딸이 상을 찌푸리면서 울먹이고 있지 않는가. 어쩌면 사람이 한평생 살아가는 동안 예식장에서 주례선생님 입회하에 혼인서약을 하고 나란히 섰을 때보다 더 행복한 순간은 없을 텐데 내 딸은 흐느끼고 있었다. 그 장면을 바라보는 순간 그 넓은 장내는 갑자기 숙연해졌고, 나도 모르게 눈시울을 적시게 되었고, 아내 또한 흘러내리는 눈물을 닦기에 여념이 없었다. 나는 그 이후 딸을 공항으로 떠나보내면서 울었고, 엊그제는 은행에 다녀오면서 울었고, 오늘은 나의 혼사를 축하해준 분들에게 답례의 편지를 쓰면서 울었다. 내 딸은 지금쯤 하와이에 가서 신혼여행의 단꿈을 꾸고 있을 텐데, 나는 왜 이미 떠나간 딸자식을 생각하면서 자꾸만 울고 있는가. 아무리 슬프고 괴로운 일을 당해도 좀처럼 눈물을 흘리지 않던 내가 왜 툭하면 우는 울보가 되었는가. 하여간에 나는 그 많은 사람들이 "딸을 시집보내서 서운하시지요."라고 인사말 하던 것을 이제서야 그 말뜻을 깨닫게 되었다. 누군가 '百聞而不如一見'이라고 말하지 않았던가.

철곡 휴게소 음식의 대장균

　우리나라에는 전국적으로 고속도로망이 펼쳐져서, 그 도로를 이용하는 이들의 편의를 위하여 휴게소가 많이 설치되었다. 그 휴게소에는 각종 음료수와 음식물들을 파는데, 언제 봐도 이용객들이 많아서 인산인해를 이룬다. 그러니 고속도로 휴게소에서 무엇인가 장사를 하면 떼돈을 긁어모을 것 같고, 얼마 안가서 그 장사치들은 큰 부자가 될 것임에 틀림없다. 그 곳에서 거래되는 물건이나 음식물들이 시중보다 싼 것도 아니요, 누구 하나 외상 달라는 사람 없이 현금 장사만 하는데, 그들이 부자가 안 된다면 오히려 이상한 노릇이다.

　이처럼 휴게소 이용객들 때문에 큰 부를 축적하게 되었다면, 최소한의 친절과 서비스 정신이 있어야 하고, 그 음식들을 먹고 탈이라도 안 나게 위생문제만은 철저하게 보장해 주었어야 옳을 것이다. 아무리 돈만 아는 장사꾼이라 하더라도 최소한도 갖추어야할 예의와 상도덕은 있는 법이다.

　필자는 텔레비전 화면을 통하여 고속도로 휴게소의 음식물에 대장균이 우글거린다는 뉴스를 본 일이 여러 번 있었고, 그것들을 먹고 탈난 사람들이 많다는 보도를 본 일이 여러 번 있었다. 그 때마다 그것들을 대수롭지 않게 생각했고, 실제로 그 탈난 사람들의 하소연을 들으면서도 강 건너 불구경하듯 무관심한 표정을 지었었다. 그러나 그 날벼락 같은 대장균의 공격을 내가 받게 될 줄은 꿈에도 몰랐던 것이다.

바로 얼마 전 1998년 8월 16일에 일어난 일이었다. 황산 고두동 선생의 4주기를 맞아 황산 문학상 역대 수상자들이 황산시조비 관람과 묘소 참배를 위하여 부산에 내려갔던 것이다. 그 당시 나와 김석철 선생은 부부동반으로 내려갔었는데, 내려갈 때는 새마을 기차를 이용했고, 올라올 때는 부산, 동서울 간의 우등 고속버스를 이용했다. 그 날 부산에는 비가 별로 안 왔지만, 그 전날부터 경북 일원에 게리라성 폭우가 쏟아져 낙동강이 범람위기에 직면하였다. 김천 지방에는 산사태가 일어나 철로를 뒤덮어서 경부선 열차 상하행선이 모두 불통되는 소동까지 벌어졌다. 고속도로 또한 산사태로 몇 군데가 불통되다가 겨우 통행이 재개되었다는 소식이 들어왔다.

하여간에 우리 일행이 부산 고속버스 터미널에 도착한 것은 오후 2시, 어찌나 많은 사람들이 버스표를 사기 위하여 운집해 있었는지 발디딜 틈이 없었다. 기차가 정상적으로 운행되어도 주말이면 고속도로에 체증이 걸리는데, 그 모든 기차 손님이 항공편과 버스 편으로 몰렸으니, 그 당시의 정황은 마치 동대문 시장이나 남대문 시장 바닥과 같은 느낌이 들었다. 우리들은 오후 3시행 버스표를 예매해 두었기에 다행이었는데 그때 표를 사려고 하는 사람들은 밤 8시 이후의 것이나 살 수 있는 정도였다.

정시보다는 늦었지만 우리를 태운 고속버스는 부산 시가지를 빠져나가더니 곧장 경부고속도로로 올라선다. 양산 인터체인지를 지날 때까지는 그런대로 속도를 내서 아무리 늦어도 밤 11시쯤이면 서울에

도착할 수 있을 것 같았다. 그러나 언양을 지나서부터는 가다가 서다가를 반복하는데, 이것은 고속도로가 아니라 저속도로라고 이름을 바꾸어야 할 정도였다. 그래도 나는 작년 가을 김광수 형의 혼사에 참석했을 때보다는 형편이 나아지고 시간도 덜 걸리지 않겠느냐는 한 가닥 희망을 가졌던 것이다.

그 때 김형의 딸 결혼식은 부산에서 2시에 거행되었고, 부산을 출발한 것은 오후 4시경이었다. 어찌나 고속도로가 밀리던지 서울에 도착한 것은 그 이튿날 오전 1시, 그러니까 서울까지 9시간 걸려서 도착한 것이다. 그 때 어찌나 지루하고 따분하고 힘들었는지… 그 당시의 악몽이 되풀이 되지 않을까 걱정하면서 고속도로 주변의 들녘과 산야를 구경하고 있었다.

우리들을 태운 차가 천년 고도 경주를 지날 때는 지척을 분간할 수 없을 정도로 쏟아지던 폭우가 잠시 멎었다. 경주 톨게이트는 한국의 고전미를 살려서 전통 한옥 모양으로 만들어 고풍스런 느낌을 갖게 했다. 그러나 고속도로의 체증은 여전했고, 상하행선 모두 길게 늘어선 차량 행렬만 보였다. 다시 영천, 경산 등지를 지나 대구로 접어들었지만 형편은 나아지지 않았다. 구마 고속도로와 갈라지는 서대구를 지나서야 우리를 태운 차는 칠곡 휴게소로 들어간다. 그때가 저녁 7시 부산을 떠나 이곳까지 오는데 무려 4시간이 걸렸던 것이다. 우리들은 이 곳에서 간단하게 저녁식사를 먹기로 하였다. 나와 김석철 선생은 가락국수를 먹고, 두 아낙네들은 삶은 감자를 먹었다. 휴식을 취한 다음 차는 서서히 움직이기 시작했고, 왜관을 지나 낙동대교를 건널 때는 범람하는 강물이 주변 들녘을 뒤덮고 있었다. 차가 구미까지 가는데도 거북이걸음을 했고, 심지어는 구미시 역내를 벗어나는데도 몇 시간 걸리는 것 같았다. 아마 그 당시 항공 촬영을 할 수 있었다면, 부산에서 서울까지의 고속도로가 차량들로 꽉 차서 주차장화한 모습을 나타냈을 것이다. 그런데 차가 김천 톨게이트를 지날 무렵에는 그 자리에 멈춰 서서 아예 움직일 줄을 모른다. 명절 때 귀성 차량을 타고 가다가 이 지경을 당해본 경험은 더러 있지만, 정말로 해도 너무한다는 생각이 들었다.

그런데 갑자기 아랫배가 살살 아파온다. 싸르르… 싸르르… 통증이 오는데 큰일 났다는 생각이 들었다. '이러다가는 가라앉겠지'하고 참아보았지만, 시간이 갈수록 통증은 더 심해졌다. 다시 움직이기 시작한 차는 걸어가는 건지 기어가는 건지 겨우겨우 추풍령 고개를 힘겹게 넘고 있었다. 이때가 벌서 저녁 9시, 평일 같으면 이미 서울에 도착했을 시간이다. "배는 계속해서 아파오고, 그럴수록 차는 더디 가고, 나더러 어쩌란 말이냐"라고 탄식해 보았지만 상황은 점점 어려워졌다. 점잖은 체면에 기사한테 가서 어쩌구 저쩌구 할 수도 없고, 같이 탄 승객들한테 미안하기도 하고, 그야말로 진퇴양난이었다.

옆에 앉아있는 아내한테 사정을 이야기했지만, 아내인들 무슨 수로 그 위기를 벗어날 수 있게 해준단 말인가. 추풍령 휴게소를 그냥 지나갔는데 더 이상은 참을 수 없었다. 앞자리로 나아가 기사 옆에 앉아서 "배가 살살 아프다."고 하였다. 눈치 빠른 기사 양반은 "조금만 참으십시오"하는 언질을 준다. 그래서 예정에 없이 들른 곳이 황간 휴게소….

나는 재빨리 화장실에 가앉으니 좍좍 내리 붓는다. 그 곳에서 응급조치로 위청수 한 병을 사 마시고는 다시 차에 올라탔다. 김석철 선생 내외가 "휴게소에서 먹은 음식이 잘못되었다"고 한다. "그 곳에서 먹은 가락국수에 대장균이 들어 있어 탈났다"고 설명한다. "어떤 이들은 식중독 걸렸다."고 자기들끼리 수군거린다. 그러면 식중독이란 무엇인

가. 음식물에 의해 생기는 중독현상으로 전신부조·설사·복통·구토 등의 증상이 나타나는 것을 일컫는다. 원인은 음식물의 부패에 기인하는 것이 대부분이나, 익지 않은 과일 또는 과식을 하였을 때 일어나는 현상이라고 하였다. 식중독이란 용어에 대하여 알아보았거니와, 그 당시 나는 갑자기 어지럼증 현상이 일더니 구토를 시작했다. 위로는 토하고 아래로는 싸대는 토사가 일어났던 것이다. 토사란 위로는 토하고 아래로는 설사하면서 배가 질리고 아픈 급성 위장병이라고 하였다. 하여간에 차는 더디 가고, 위로는 토하고, 아래로는 배가 살살 아픈데 무슨 수로 견딜 수 있겠는가. 진땀이 바작바작 나고, 입 안은 바싹 마르고, 온 몸에 맥이 빠지면서 탈진 상태에 이르렀다. 하도 아랫배에 통증이 오기에 밖을 내다보니 금강 휴게소를 지나고 있었다. 다음은 중부 휴게소에서나 쉬어갈 예정이라고 하는데, 아득하기가 천리만 같다. 그래서 또 들른 곳이 옥천 휴게소…. 나 때문에 예정에 없이 자꾸 쉬게 된 승객들에게 미안할 뿐이다.

이렇게 해서 서울에 도착한 것은 새벽 2시 30분.

부산을 출발하여 목적지에 닿는데 무려 11시간 30분이 걸렸다. 내가 고속버스를 이용한 이후 이렇게 11시간 이상을 버스에서 보내기는 처음 있는 일이다. 옛말에 "一寸光陰不可輕"이란 말이 있는데, 이처럼 불필요하게 시간과 에너지를 낭비해서야 무슨 수로 살아남을 수 있단 말인가. 하여간에 나는 이 식중독의 여파로 17일 하루 동안 식사를 못한 채 하루 종일 누워 있었다. 18일에도 죽을 먹어가면서 하루 종일 누워 있었다. 더구나 아랫니가 몹시 아프기에 이 치과의원에 가보니, 잇몸병이 나서 이가 치솟아 올랐다는 것이다. 얼마나 몹쓸 병에 걸려서 곤욕을 치렀으면 멀쩡하던 아랫니가 치솟아 올랐겠는가. 그래서 일주일이나 병원 약을 먹고 있는데도 완전하게 낫지 않으니, 이처럼 억울한 데가 어디 있는가. 어디 하소연할 데가 없어서 궁여지책으로 이 글을 쓴다.

돈밖에 모르는 칠곡 휴게소의 장사꾼님들이여! "당신네 음식을 먹고 탈나는 사람이 없도록 최소한의 염치와 예의는 지켜 달라"고 간곡히 부탁하는 이 하소연을 외면하지 말아 달라.

한강

나는 한강변을 걷는 것이 생활화 되었다. 한강을 보고 싶어서 걷는 것이 아니라 자신의 건강을 위하여 걷다 보니까, 자연스럽게 산책도로가 나 있는 한강변을 택하게 된 것이다. 그곳에 가면 좋든 싫든 한강을 바라보게 된다. 오늘도 한강은 유유히 넘실대면서 서해바다 쪽을 향하여 흐르고 있었다. 그곳을 걷는 사람들의 기분이 좋든 나쁘든, 걷는 사람이 많든 적든, 날씨가 맑든 흐리든, 비바람이 불든 안 불든 4계절 변함없이 흐르고 있는 것이다. 어떤 때는 그야말로 조용히 흐르고, 어떤 때는 노도와 같이 흐르고, 장마 때는 둑을 넘칠 듯이 흐르고, 그 모양새가 각양각색이어서 일률적으로 묘사하기 어렵다. 심지어 어떤 때는 서해바다의 밀물이 올림픽 대교까지 거슬러 올라오는지는 모르지만 하류 쪽에서 팔당 대교 쪽으로 흘러가는 것 같은 모습을 보게 된다.

그 한강은 우리의 역사와 함께 흘러가는데, 그 모든 비밀을 고이 간직한 채 흘러간다. 세상이 뒤집히고, 전쟁이 터지고, 많은 사람들이 무고하게 죽어가는 것쯤은 아랑곳 하지 않는다. 그러나 한강의 역사가 바로 우리 겨레의 역사일진대, 어찌 묵묵하게 흐른다고 해서 품은 한이 없겠는가. 필자는 이런저런 의미를 부여하여 다음과 같은 시조를 지은 바 있다. "언제 바라보아도/ 짙은 느낌 주는 한강/ 매양 같은 몸짓으로/ 제 갈 길만 가는가/ 꽃 피고 새 우는 봄날/ 출렁대던 물굽이여./ 천년 전 간직한 비밀/ 아직도 가슴에 지녀/ 겉으론 성한 것 같지만/ 시퍼런 멍들었네./ 흰 구름 머물던 자리/ 바람 한점 스쳐간다." (한강변에서) 이처럼 한강은 우리 민족의 역사적 비밀을 간직하면서 흐르는 것으로 보았던 것이다. 우리 민족의 한을 품고 흐르는 것으로 보아, 겉으론 성한 것 같지만 속은 시퍼렇게 멍들었다고 했던 것이다. 그러나 아무런 의식 없이 바라보면 한강은 거대한, 아니 유장한 자연에 불과하기 때문에, 흰 구름 머물던 자리에 바람 한점 스쳐간다고 표현하였다.

옛말에 "仁者樂山 知者樂水"라는 것이 있다. 전자는 마음이 어진 사람은 천명(天命)을 좇고 욕심에 움직이지 않는 고요한 마음이 산과 같아서 자연히 산을 좋아한다는 의미이다. 후자는 지자(知者)는 사리에 통달하여 정체함이 없는 것이 마치 물이 자유로 흐르는 것과 흡사하므로 늘 물과 친하여 물을 좋아한다는 의미이다. 그러니까 여기서는 물이 막힘없이 흐르는 것을 사람이 사리에 통달한 것과 같다고 보았다. 그러나 '물'의 특성에 어찌 막힘없이 흐르는 것만 있겠는가. 강물은 언제 바라보아도 여유가 있어 뵌다. 늘 푸른빛을 띠어서 젊고 힘 있어 보인다. '깨끗하다', '영원하다', '부드럽다'는 특징이 있고, 모든 것을 포용하고 품어주는 성격이 있다. 바위가 있으면 바위를 품어주고, 공장폐수가 흘러들면 그대로 품어주고, 추한 것, 악취 나는 것, 그 어느 것도 거부하지 않고 끌어안으니, 우리 인간이 물에서 배워야 할 점이 바로 이것이라고 생각한다.

지금 우리나라는 커다란 위기에 직면하였다. 나만 옳고 상대방은 그르다는 것이다. 네 편 내 편, 편 가르기에 바쁘다. 이런 것이 모두 서양문물의 도래와 함께, 이기주의가 발달하고 물질만능 사상이 팽배해졌기 때문으로 풀이된다. 요즘은 집단 이기주의라는 것도 생겨 패거리들의 싸움과 파업이 일상화 되었다. 이러다 보니 화합과 통일을 이루어야 할 우리 사회가 갈기갈기 찢어져서 싸우고 있는 것이다. 보수와 진보의 갈등, 세대간의 갈등, 남녀간의 갈등, 부모와 자식간의 갈등, 업종간의 갈등, 지역간의 갈등, 계층간의 갈등, 노사의 갈등, 영호남의 갈등, 남북간의 갈등, 심지어는 남남갈등이라는 말까지 등장하였으니, 이렇게 패거리를 나누어 싸우다가는 공멸할 것 같다는 생각이 든다. 공존공생을 도모하는 것이 아니라, 너는 죽고 나만 살자고 하니 서로 모두 죽을 수밖에 없는 경지에 이르렀다. 우리 속담에 "자기가 하면 로맨스요 남이 하면 불륜"이라는 말이 있는데, 제 잘못에 대하여는 관대하고 남의 잘못에 대하여는 철퇴를 내리려고 하니, 이런 어리석은 자들이 어디 있는가. 자신의 뜻에 따라 주면 동지이고, 따라주지 않으면 적으로 취급하니, 이런 못된 인간이 어디 있는가. 이 모든 것이 남을 배려할 줄 모르는 어리석음에서 비롯된 것이다. 남이야 죽든 살든 저만 잘살면 된다는 이기심에서 발로된 것이다. 인간을 우위에 놓는 것이 아니라 돈을 숭상하는 배금주의(拜金主義)에서 파생된 것이다. 어떤 문제가 합리적이냐 아니냐를 따지는 것이 아니라, 목청 큰놈이 이기는 잘못 된 관행에서 유래된 것이다. 그러다보니 역적이 애국자로 둔갑하고, 빨갱이가 민주화 인사로 둔갑하여 각종 혜택을 받고 있는 것이다.

그러면 이러한 갈등을 치유하는 방법은 무엇인가. 문선명 선생이 주장하는 평화사상과 평화운동 밖에 다른 방법이 없다고 생각한다. 그 평화사상의 핵심은 바로 참사랑이다. 그분의 말씀에 의하면 참사랑의 본질은 위함을 받겠다는 사랑이 아니고 남을 위해, 전체를 위해, 먼저 베풀고 위해주는 사랑이다. 주고도 주었다는 사실 자체를 기억하지 않고 끊임없이 베푸는 사랑이다. 다시 말해서 기쁨으로 주는 사랑이다. 어머니가 자식을 품에 안고 젖을 먹이는 기쁨과 사랑의 심정이다. 자식이 부모 앞에 효도하며 기쁨을 느끼는 그런 희생적 사랑이다. 참사랑으로 맺어지면 영원히 같이 있어도 좋기만 하고, 우주는 물론 하나님까지도 끌면 따라오는 사랑이다. 인간이 만들어 놓은 국경의 벽, 인종의 벽, 더 나아가서는 종교의 벽까지도 영원히 종식시킬 수 있는 힘이 참사랑의 가치이다.

그러니까 참사랑이란 남에게 베푸는 삶, 남을 위하는 삶을 실천할 때 가능한 것이다. 한마디로 희생적, 헌신적 사랑을 참사랑이라 할 수 있는 것이다. 이러한 참사랑은 실천 못하더라도 남을 배척하는 배타주의만 없어져도 살기 좋은 사회가 이루어질 것이다. 이제는 남을 배척할 것이 아니라 포용하는 방법을 배워야겠다. 남을 죽이고 나만 사는 이기주의가 아니라, 남도 살고 나도 사는 공존공영의 법칙을 배워야겠다. 이제는 적도 끌어안고 원수도 끌어안는 포용정책을 배우고 실천해야겠다. 나는 이런 생각을 하면서, 오늘 아침도 한강변을 거닐었다. 그리고 그 한강에서 모든 것을 끌어안는 포용정신을 배워야겠다고 생각하면서 내일 아침도 이곳을 걷고 있을 것이다.

제2부

이장한 조부모의 산소

사람이 살았을 때 사는 집을 주택이라 하고 죽어서 거처하는 곳을 무덤이라고 한다. 살아서 사는 집에 개인주택과 아파트의 두 가지가 있다면, 죽어서 사는 집에도 개인묘지와 공동묘지로 나눌 수 있다. 개인주택에 보잘 것 없는 집과 호화주택이 있다면 아파트에도 20평 미만의 서민형 아파트와 작은 학교의 운동장만한 초대형 호화아파트가 있다. 개인묘지를 보아도 다 퇴락해가는 보잘 것 없는 무덤이 있는가 하면 왕릉을 방불케 하는 초대형 봉분에 돈을 처들여서 화려하게 꾸민 호화 분묘가 있다. 공동묘지에 가 보아도 그 수천기의 분묘들이 똑같은 것 같지만 실은 그 집안의 형편에 따라서 평수를 적게 차지한 것이 있는 반면 많이 차지한 것도 있다. 그 상석이나 묘비 등 석물들이 형편에 따라서 차이가 나는 것은 어쩔 수 없는 일이다.

하여간에 주택이 됐든 무덤이 됐든 너무 크고 화려하게 꾸민 것은 그 주인공들의 부와 세력을 과시하는 방편은 될지언정, 자신을 위해서나 남을 위해서나 바람직한 일은 아니다. 몇 년 전인가 6공 말기에 문민정부가 들어선 다음, 부정부패를 척결한다고 온 세상을 떠들썩하게 한 일이 있는데, 그 때 부정부패의 장본인들 집을 보면 순전히 값

비싼 외제만 쳐들여서 궁정보다 더 호화찬란하게 꾸민 집을 언론에 공개한 일이 있었다. 그때 수많은 사람들이 그 장면을 목격하고서 눈살을 찌푸리며 질타하고 비웃고 꾸짖던 일이 생생하게 기억난다. 그리고 이산 저산 돌아다니다 보면 그야말로 입이 딱 벌어질 정도로 묘지를 크게 만들고 호화롭게 꾸민 것을 보게 된다. 이것은 그 집안의 세와 부를 과시하는 것이 되겠는데, 본인들은 만족감을 느낄지 모르지만 대부분의 서민들이 이러한 호화분묘를 보게 되면 거부감을 갖게 된다.

그런데 문제는 살았을 때 가난하고 형편없게 산 사람은 죽어서도 보잘 것 없는 묘지 속에 들어가고, 살았을 때 부귀공명을 누리면서 산 사람은 죽어서도 거창한 호화분묘를 뒤집어쓰고 있다는 점이다. 그러나 불교나 기독교 등 종교계에서 말하는 것처럼 천당과 지옥 또는 극락과 지옥이 있다면, 살아서도 호화주택에서 살고 죽어서도 호화분묘 속에 들어가 있는 사람이 반드시 천당이나 극락세계에 간다는 법이 없다는 것을 생각하면 조금은 위안이 된다.

하여간에 살아있는 사람도 한집에만 붙박이로 사는 것이 아니라 형편에 따라서 이리저리 이사를 다니듯이 죽은 사람에게도 이러한 원리가 적용되어 이장이란 것이 있다. 사람이 살다보면 여러 가지 일을 겪게 되는데, 이장한다는 말을 수 없이 들었지만, 이것을 남의 이야기로 생각했지. 내가 조상의 산소를 이장하게 될 줄은 꿈에도 몰랐던 것이다. 나는 조부모 산소를 어려서부터 다녔는데, 그 때마다 산소에는 잔디가 별로 없었고, 봉분이나 묘지 주위가 황토색 일색이었다. 어떤 묘지를 보면 잔디가 탐스럽게 잘살고, 어떤 묘지를 보면 잔디가 좀 있지만 잡초가 무성하고, 어떤 묘지를 보면 잔디는 없이 황토 흙만으로 뒤덮인 것을 보게 된다. 나는 이런 것들을 예사롭게 생각해 왔고, 그럴 수도 있고 저럴 수도 있다는 식의 자의적인 해석을 했고, 그저 우리 할아버지 묘소니까 좋을 것이라는 막연한 생각을 해 왔다.

나는 80년대 후반부터 괜찮다는 지관 몇 사람을 소개 받아 조부모 산소를 뵈인 적이 있었다. 그런데 A지관도 나쁘다 하고, B지관도 나쁘다 하고, C지관도 나쁘다고 한다. 그렇더라도 처음에는 심각하게 생각하지 않았는데, 계속해서 보는 사람마다 나쁘다고 하니, 나도 생각을 달리할 수밖에 없었던 것이다. 더구나 그 곳은 첩첩산중이라 풀이 우거지면 찾기 힘들고, 비탈진 계곡을 올라가야 하니 숨을 헐떡거려야 하고, 운동부족인 사람은 다리가 아파서 오를 수 없는 궁벽한 산골짜기에 위치해 있었다. 그러니까 모든 지관들이 산소 자리도 나쁘다 하고 자손들이 늘 찾아다니기에도 불편하고 힘든 곳이니, 이장할 생각을 해보는 것은 당연하지 않겠는가. 그래도 내가 그 산소자리를 좋다고 생각했던 것은 내가 서울대학이라도 졸업하고 타 대학에서지만 문학박사 학위를 받았고, 그리고 국립대학에서 교수 생활을 하고 있으니, 조부모 묘자리 덕분이라고 생각했기 때문이다. 그렇더라도 보는 지관마다 산소자리가 나쁘다고 하는 데는 나도 더 버틸 여력이 없었기에 C지관의 지도를 받아가면서 이장하기로 결심하기에 이르렀다. 그래서 형제지간과 의논하니 모두 이장을 반대하고 처자식과 의논해도 마찬가지고 사촌 동생과 의논해도 마찬가지 상황에 부딪치니, 이럴 수도 저럴 수도 없는 곤란한 입장에 처하게 되었다. 이런 경우를 한자말로 진퇴유곡(進退維谷)이라고 했던가. 캄캄한 밤에 천길 절벽 앞에 서 있는 그런 느낌이었다.

그래서 혼자 고민하기를 3일간, 특히 밤이면 그 밤을 꼬박 새워가면서 이장을 해야 되나 말아야 되나 하는 문제를 놓고 괴로워했다. 사실은 이 문제를 놓고 고민하다 보니 잠이 안 와서 3일 밤을 그대로 새웠던 것이다. 그래도 내 마음이 이 기회에 이장을 해야 된다는 쪽으로 기울어지는 데야 나인들 어찌하랴. 드디어 대망의 시간 1994년 7월 20일이 다가 왔다. 아니 그 전날 오후 C지관의 지시를 받아 일꾼 두 사람을 사가지고 여주의 신륵사 근처 여관에 자리를 잡았다. 그리고는 해가 저물어갈 무렵 할아버지 산소에 가서 봉분을 파헤쳤다. 그런데 이를 어찌하랴. 할아버지의 유골은 어느 정도 남아 있었는데, 나무뿌리가 사방에서 광중으로 쳐들어와 그 유골에 엉겨 붙었다. 그리고 어떤 뿌리는 할아버지의 눈 한쪽을 관통하고 지나갔다. 할머니는 먼저 공동묘지에 모셨다가 이 곳에 이장했다는 사연을 들은 바 있는데, 아예 썩어 문드러져 형체를 찾아볼 수 없었다. 마치 시궁창의 시커먼 흙처럼 변질돼 있었으며, 어쩌다가 잔뼈만 몇 개 건질 수 있었다. 머리 부분에는 잔디 뿌리 같은 것이 뒤엉켜 있었는데, 그것을 들어 올리니 머리카락 같은 것이 마치 산 사람의 가발 모양을 하고 있었다. C지관의 하는 말이 "머리 부분에 저런 실오라기 같은 것이 뒤엉켜 나오면 자손 중에 정신질환자가 생길 가능이 높다"고 하였다. 이처럼 봉분을 파헤치고 유골을 추스르는데, 뼈에 엉겨 붙은 잔뿌리들을 제거하느라고 많은 시간을 허비하였다. 이렇게 해서 1994년 7월 20일 오후 현재의 장소인 문막읍 대둔리 사자골 나지막한 야산 기슭에 모시게 된 것이다. 그리고 그 이듬해인 1995년 4월 식목일을 기하여 묘지 조성을 새로이 하고 잔디를 본격적으로 입히고 나무 몇 그루를 심었다. 그래서 현재는 어찌나 잔디가 골고루 탐스럽게 잘 자라는지 마치 큰 돈을 들여 조성한 골프장의 잔디밭 같은 느낌이 들 정도이다.

1998년 9월 6일인 어제도 조부모 산소에 벌초와 성묘를 하고 돌아왔거니와, 그곳에 가면 내 마음은 그 잔디가 무성해진 것처럼 풍요로워지고, 여유가 생기고, 마음이 편안해지고, 뿌듯한 감동을 느끼게 된다. 그리고 1994년 당시 만난을 무릅쓰고 나 혼자 이장을 강행한 것을 잘했다고 생각한다. 신기한 것은 이장하기 전에는 꿈에 큰 소가 나타나서 내 가슴을 들이받는 꿈을 꾼 적이 한 두 번이 아니었는데, 이장한 다음에는 꿈에 소를 본적이 한 번도 없었으니, 예부터 꿈에 나타난 소는 조상을 상징한다는 말이 맞는 것 같다. 할아버지가 얼마나 괴로웠으면 꿈에 소로 변신해 손자의 가슴을 들이 받아가면서 하소연 했겠는가. 이제는 조부모님이 편안하게 영면하시리라 믿으면서 잔잔한 미소를 지어본다.

조상을 위하는 정신

  우리나라 사람들은 조부모나 부모가 돌아가시면 제사를 지내되 4대 봉사를 하게 되어 있다. 이러한 전통은 송나라 주문공가례(朱文公家禮)를 본받아 만든 것이라고 하는데, 일설에 의하면 고려 공양왕 2년 포은 정몽주 선생의 발의에 의해서 만들어진 제례규정에서 비롯되었다고 한다. 하여간에 기독교에서는 우주를 창조한 하느님 이외의 신은 부정하고 있는 형평이고, 유교에서는 사람이 죽으면 그 영혼신이 있다고 보아서 제사를 지내고 있다. 신이 있는지 없는지 확신할 수는 없지만 필자는 조상신이 존재한다고 믿는 입장이다.

  또 불교에서는 사람이 죽으면 육신은 없어지지만, 영혼은 다른 것으로 태어난다는 윤회전생 설을 믿고 있다. 그래서 살아 있을 때 불교를 열심히 믿고 공덕을 쌓은 사람은 내세에 좋은 곳에 태어나고 그렇지 못한 사람을 지옥에 떨어진다는 천당지옥 설을 주장한다.

  이러한 여러 가지 설중에서 어느 것이 맞고 어느 것이 틀리는지 판별할 수는 없지만 필자는 조상신이 반드시 있다고 믿는 형평이고, 그렇기 때문에 조상님을 위하는 숭조정신을 가져야 한다는 것이 필자의 기본적인 생각이다. 이러한 신에 대한 이야기는 잠시 접어두고 살아있는 사람들에 대한 이야기를 전개해 보자. 내 친구 중의 어떤 이는 딸 둘을 시집보냈는데 한쪽에서는 외손자를 다른 한쪽에서는 외손녀를 두게 되었다.

그런데 그 외손자가 집에 오면 어떻게 할아버지를 따르고 좋아하는지, 할아버지한테서 떠나려고 하지 않는다. 갖은 재롱을 다 부리고 서로 싸인이 잘 맞으면서 할아버지를 즐겁게 한다. 그리고 툭하면 저를 데리고 밖에 나가서 놀아주기를 바란다. 그럴 때 할아버지는 힘든 줄도 모르고 시간 아까운 줄도 모르고 그 손자에 이끌려 피곤한 하루를 보내게 되어 있다. 이것은 한두 번이 아니고 외손자가 올 때마다 반복해서 일어나는 현상이다. 그러니 할아버지는 그 외손자를 사랑하고, 귀여워하고, 있는 정성을 다해서 보살펴 줄 수밖에 없었던 것이다.

반면에 외손녀가 왔을 때는 아무리 친해보려고 노력해도 친해지지 않는다. 일부러 안아주고, 친해지려고 쇼를 하고 달래보고, 별의별 애를 써도 따라오지 않는다. 오라고 하면 외면하고 강제로 안아주면 빨리 떠나려하고 계속해서 안고 있으면 울려고 하니 무슨 재주로 가까워질 수 있겠는가.

그렇던 저렇던 외손녀이니까 귀엽긴 하겠지만, 앞에서 이야기한 외손자와 비교할 때 어느 쪽으로 정이 더 가겠는가. 우리 인간들은 자식을 하나만 둔 경우도 있지만, 여러 형제자매를 둔 경우도 상당수 있다. 그럴 때 부모의 입장에서는 다 같은 자식이니까 귀엽고, 사랑스럽기는 하겠지만, 그 자식의 행동 여하에 따라서 자식 사랑의 정도가 차이 날 수밖에 없는 것이다.

똑같은 자식이지만 어느 자식한테는 사랑이 더 가고 무엇 한 가지라도 더해주고 싶지만, 어느 자식한테는 그저 의례적인 부모와 자식 관계를 유지하는 선에서 교감이 이루어질 수밖에 없다. 같은 자식이라도 예의 바르고 공손하고 공부 열심히 하고 성실하다면 얼마나 사랑스럽고 자랑스러운가. 반대로 공부도 열심히 안하고 속상하게 하는 일만 골라서 한다면 그러한 자식을 안타깝게 사랑할 부모가 몇 명이나 되겠는가. 나는 교육계에 있으면서 30여 년간 학생들을 가르쳐 왔다. 그 제자들 중에는 말 잘 듣고 공부 열심히 하고 그러면서 다가와 친절하게 구는 학생이 있는가 하면, 반대로 말도 잘 안 듣고 공부도 열심히 안하고 서로 만나도 개가 닭 보듯이 하는 학생이 상당 수 있다. 이럴 때 교수도 사람이니까 어느 쪽으로 더 정이 가고 도와주고 싶은 생각이 들까 하는 것은 불문가지다. 그렇다고 그것을 드러내 놓고 표현하지는 못하지만 마음속으로 알게 모르게 전자한테 유리하게 작용하는 것은 인간이니까 어쩔 수 없는 노릇 아닌가. 우리 속담에 잘 되면 자기가 잘나서 잘 된 것이고 못되면 조상 탓한다는 이야기가 있는데, 사랑받고 복을 받고 혜택을 받고, 하는 일이 모두가 자기 자신의 처신 여하에 달려 있다는 것을 강조하고 싶다. 이러한 사정은 신이나 부처 같은 초월적 존재의 경우도 마찬가지라고 생각한다.

기독교를 예로 들면 열심히 하느님이나 예수님을 믿고 교회에 열심히 나가서 신앙심이 두텁고 바르고 양심적인 생활을 하는 신도에게 천당으로 가도록 해주지, 그 반대로 생활하는 사람을 하느님이 애써서 천당으로 보내줄 리가 없다고 본다. 그것은 불교의 경우도 마찬가지다. 열심히 불교를 믿고 절을 찾아가 예불하고 경전을 열심히 외면서 선하고 바르게 생활하는 이가 왕생극락 할 수 있지, 그 반대인 경우는 좋지 않는 곳으로 떨어지거나 하찮은 미물로 윤회전생해서 그 대가를 치루지 않으면 안 될 것이다. 필자는 조상신이 반드시 존재하고 그 조상신 또한 자기 자손들의 안위를 걱정하면서 늘 보살피고 있다고 생각한다. 이때 조상신도 자기를 열심히 믿고 제사를 정성스럽게 지내고, 산소를 보살피고 조상님을 위하는 이에게 복을 주어 열심히 뒷바라지 해 줄 것이다. 반대로 조상을 탓하고 불경스럽게 하는 이에게는 그 대가로 벌을 내릴 수 있다는 것을 염두에 두어야 한다.

그런데 어떻게 조상님을 외면하고 방치해 둘 수 있단 말인가. 그러니 조상님을 위해서도 그렇고 자기 자신을 위해서도 열심히 받들고 모시고 제사지내고 그 산소를 관리해 나가는 것이 자손 된 도리요 복 받고 잘 살 수 있는 방법이란 것을 강조해둔다.

동이정골 산소

우리 집안은 매년 9월 첫째 주 일요일에 모여서 조상님의 산소를 공동으로 벌초한다. 옛날에는 내 조상 네 조상 할 것 없이 한데 모여서 그 모든 산소들을 순례하였다. 물론 도시락을 싸들고 다니면서 식사를 때우고, 일일이 낫질을 해가면서 벌초를 했던 것이다. 그래서 문고개에 있는 여러 산소들의 벌초를 마친 다음 동이정골로 들어가서 벌초를 하면 때마침 점심시간이 되었다. 그 골짜기를 흐르는 천연수를 떠먹으면서 점심식사를 하고는 또다시 끝없는 벌초행진을 하였다. 왜 그리 산소가 여기저기 흩어져 있었던지 정말로 자손들을 애먹였다. 그처럼 벌초를 다하노라면 높은 산 고개를 몇 번씩 넘어야 하고 원시림으로 둘러싸인 산골짜기를 몇 번씩 헤쳐 나가야 했다. 그러나 근래에는 흩어졌던 산소들을 가까운 곳으로 한군데 모으는 작업을 했고, 아울러 예초기라고 하는 기계를 동원해서 옛날 보다는 벌초하기가 훨씬 수월해졌다. 하여간에 그 많은 조상님들의 유택을 단정히 해드리고, 가까운 집안끼리 벌초를 빌미로 해서 매년 한번씩 만나 정담을 나누게 되니 얼마나 아름다운 정경인가.

또 이렇게 모이게 되면 몇 대조 할아버지 산소에는 비석과 상석을

해드리고 몇 대조 할아버지 산소는 현재 있는 곳에서 어디로 이장을
해야 한다는 등 여러 가지 대소사를 의논하게 된다. 그런데 몇 년 전
부터는 전부 모여서 그 여러 산소들을 순회하며 벌초하는 것이 아니
라, 3그룹으로 나누어 분담해서 벌초를 하였다. 한 팀은 문고개를, 두
번째 팀은 동이정골로, 세 번째 팀은 능골로 가서 벌초를 하니 시간
도 절약되고 벌초를 일찍 끝낼 수 있어서 서울에서 내려간 사람들도
당일로 벌초를 마치고 되돌아 올 수 있었던 것이다.

그런데 문제는 문고개 팀이나 능골 팀은 산소가 여기저기 흩어져
있고 숫자가 많기는 하지만 거리상으로 가깝고, 왕래하는데 험난하지
도 않고 편리해서 그곳으로 가기를 희망하고, 동이정골로는 서로 들
어가기를 꺼려한다는 점이다. 원래 동이정골에는 증조부모님 산소 4
분이 있었다. 제일 큰집 증조부모님 산소, 둘째집인 우리 증조부모님
산소, 셋째 집 증조부모님 산소, 넷째 집 증조부모님 산소 등 4분이
모셔져 있었다.

그런데 제일 큰집 산소는 5년 전에 문고개로 옮겨 갔고, 둘째, 셋
째, 넷째 집 산소만 남아 있었던 것이다. 또 한 가지 그 동이정골이라
는 곳은 정말로 동이처럼 생겼는지는 모르지만, 첩첩산중에 위치해
있어 사람이 다니기가 힘들고 불편하다는 난점이 있다. 그 깊고 험함
골짜기에 남의 집 산소는 한군데도 없는데, 왜 우리집안 산소만 그
곳에 모여 있는지 이해가 안 간다. 일설에 의하면 그 동이정골이 우
리 집안 소유의 산이었는데, 너무 가난해서 후대에 팔아먹었다는 설
도 있고, 또 한 가지는 힘없고 가난하니까 번듯한 곳에 산소를 쓰지
못하고 그 궁벽한 곳까지 쫓겨 들어가서 썼다는 설도 있다. 하여간에
매년 한번씩 벌초하러 그 곳을 찾아들어가려면 두 가지 길이 있는데,
문고개 쪽에서 들어가는 방법이 있고, 움무실 고개로 해서 들어가는

방법이 있다.

문고개 쪽에서 들어가면 그 입구가 여러 곳이 있어 잘못하면 동이정골로 들어가지 않고 명막골로 들어가서 헤매게 되는 수가 있다. 바로 금년 봄이었다. 산소를 이장해 보려고 둘째 동생과 함께 장의사 사람을 데리고 동이정골을 찾아갔다. 그런데 엉뚱하게 동이정골로 들어가지 않고 명막골로 들어가서 서너 시간을 헤매다가 지쳐서 되돌아온 적이 있다. 수십 번 찾아다닌 나 자신도 이처럼 길을 잘못 들어 헤매다가 되돌아오는데 내 자식, 그 후손 대에는 아예 이곳을 버려두고 다니지도 않을 것 같은 생각이 들었다.

또 움무실 쪽으로 해서 들어가면 깊고 가파른 골짜기를 한 시간 올라가다가 다시 정상에서 산 능선을 타고 내려 가야하고, 그리고 다시 동이정골 상류지역에서 하류지역으로 내려오면서 산소를 찾게끔 되어 있어 힘들기로 말하면 이곳이 더 힘들고 시간이 많이 걸린다. 3년 전이었던가, 어떤 지관을 모시고 이곳 산소를 찾으러 움무실 방향으로 해서 들어갔다가 길을 잃고 이산 저산 헤매기를 4시간 동안 하다가 결국 지쳐서 되돌아온 적이 있었다.

옛날에는 집집마다 나무를 베어다 땔감을 했기 때문에 그런대로 이곳을 다니기가 수월 했는데 지금은 누구 하나 잡초와 잡목과 덤불을 베는 사람이 없으니 사람 다니기가 힘들고 길을 잃게 된다. 이렇게 멀고 험난하고 다니기 힘들더라도 산소에 가보았을 때 잔디라도 잘 살아서 품위 있게 보인다면 얼마나 기분이 좋겠는가. 한마디로 증조부모님 산소를 가보면 가슴 아프고 눈물이 날 정도였다. 봉분이던 바닥이던 잔디는 거의 찾아볼 수 없고 붉은 산을 이룬데다 잡초만 듬성듬성 나 있는 것이 너무나 안타까웠다. 그리고 봉분은 퇴락하고 무너지고 비가 한꺼번에 많이 오면 그 빗물이 모두 광중 안으로 흘러

들어갈 것만 같았다. 하여간에 증조부모님 하면 까맣게 옛날 조상 같아서 나와는 인연이 없고 상관없는 분처럼 인식할 수도 있다. 그러나 현재 나는 86세 된 아버지와 80세 된 어머니가 생존해 계신다. 그리고 나의 두 딸들이 시집가서 한쪽은 외손자 다른 쪽은 외손녀를 낳았다. 바로 나의 손자와 손녀한테 우리 부모님은 증조부모님이 되지 않는가. 그런데 증조부모가 무엇이 멀고 아득하단 말인가.

다시 말해서 증조부모와 증손자녀와는 4대간인데 요즘처럼 의학이 발달하고 평균 수명이 연장된 상태에서는 얼마든지 4대가 한 집안 한 지붕 밑에 살 수 있다는 것을 알아야겠다.

이처럼 가까운 직계 조상이라는 점, 성묘나 벌초하러 다니려면 만난을 무릅써야하고 사람을 지치게 하는 점, 무덤 자체가 잔디도 안 나고 잡초만 듬성듬성 나고 퇴락한 점, 두고두고 자손들이 다니는데 어려움을 느끼고 잘못하면 실묘(失墓)하기 쉬운 점 등을 종합적으로 고려해서 이장 할 결심을 하였다.

한 3년 전부터 그런 생각을 갖고 찬스를 엿보았으나 좀처럼 기회를 잡을 수 없었다. 그래서 금년 봄 3월 20일은 이장 날짜를 잡아놓고 가까운 친척들에게 연락해보니 큰집에서 결혼날짜를 잡았다는 것이다. 옛 어른들 말씀에 의하면 가까운 친척 중에 결혼 날짜를 잡은 사람이 있거나 임산부가 있게 되면 이장을 해서는 안 된다는 것이 금기로 돼 있다는 것이다.

그래서 결혼식 날 이후로 미루게 되었고, 드디어 1999년 6월 17일 동이정골의 증조부모님 산소를 현재의 문막읍 대둔리 산 6번지로 이장을 하게 되었던 것이다. 이장을 하고 나니 그 동안 울적했던 가슴이 확 트이면서 얼마나 기분이 좋았던지 껑충껑충 뛰어다니고 싶은 심정이었다. 그날 밤 나는 "증조부모님 이제는 가깝고 편안한 장소로 새집을 마련해 드렸으니 그 곳에서 영면하시고 안락하게 지내십시오” 라고 기도하였다. 그러나 호사다마라고 할까. 이장하고 나서 꼭 일주일 후 어떤 미친놈이 국유지의 산림을 훼손시키고 산소를 제 멋대로 썼다고 여주군 산림계에 고발을 했으니, 그때의 참담한 심정은 이루 형언할 수 없고, 그렇다고 영영 잊어버릴 수도 없으니 훗날 지면을 달리하여 이에 대한 상세한 기록을 별도로 남기려고 한다.

조상님을 위하는 마음

우리 민족의 미풍양속 중에는 조상님을 잘 모시려는 숭조사상이 있다. 봄철의 한식 때나 늦여름의 벌초 때 조상님의 묘소를 찾는 차량 행렬이 전국의 고속도로와 국도를 뒤덮는 것을 보면 조상님을 위하는 열기가 대단하다는 것을 실감하게 된다. 그리고 음력설이나 추석 때 고향을 찾아가서 조상님께 차례를 지내려고 그 어려운 교통 전쟁을 치르면서까지 귀향 열기가 대단한 것을 보면, 우리 민족의 숭조 사상은 자녀들에 대한 교육열과 함께 세계 제일을 기록한다고 보아야 할 것이다.

그러면 왜 우리들은 조상님을 위하는 정신을 가져야 하는가. 그것은 현재 자기 자신의 위치를 되돌아보고 확인해 보면 저절로 알 수 있는 사항이다. 나는 하늘에서 내려온 것도 아니고, 땅속에서 솟아올라 온 것도 아니다.

나를 낳아주고 길러주신 부모님이 계시고, 그 위에는 조부모님이 계시고, 그렇게 거슬러 올라가기를 계속하다 보면 그 정점에 시조 할아버지가 계시고, 그래서 같은 성씨를 가진 사람들끼리는 모두가 한 할아버지 자손이란 사실을 알게 된다. 아울러 같은 성씨를 지니고 한 할아버지 자손임이 분명하면 집안간이라 하고 일가친척이라고도 하면서 친근감을 갖게 된다.

그 원리를 식물에 비유해서 생각해 보면 더욱더 확연하고 분명하게 알 수 있다. 여기 한 그루의 거대한 나무가 있다고 가정해 보자. 그것이 수령 몇 백 년의 거대한 은행나무라 가정해도 좋다. 그 전체는 하늘을 뒤덮을 만큼 거대하고 웅장한 나무일 수 있고, 거기에는 굵은 가지 잔 가지 모두 합쳐서 수많은 갈래의 나뭇가지들이 있을 것이고, 또 그 가지들에는 숫자로 헤아리기 어려울 정도로 부지기수의 나뭇잎들이 달려 있을 것이다. 그때 어느 위치에 붙어 있든 간에 그 은행나무 잎새 하나가 사람으로 따져보면 나 자신 또는 어느 한 개인에 해당되는 것이다.

또 이처럼 몇 백 년 묵은 거창한 나무가 아니라도 좋다. 1년생 식물이거나 그해 심어서 당년에 수확을 거두는 곡식이라 생각해도 좋다. 그때 잎사귀에 해당하는 것은 나 자신이고 뿌리에 해당하는 것은 조상님이다. 마찬가지로 수령이 몇 백 년 된 규모가 큰 나무이거나 단지 몇 십 년 밖에 안 된 사과나무이거나 1년생 식물이거나 비근한 예로 옥수수 한 그루라 해도 잎새는 나 자신이고 뿌리는 조상님이라는 인과관계는 달라지지 않는다. 하여간에 그 뿌리가 튼튼하지 않고서 그 나무의 줄기나 잎새들이 무성할 수 있겠는가. 뿌리가 끊어지고 손상되고 썩어 들어간다면 그 나무 전체는 시들어 버리거나 말라 죽게 될 것이다. 이러한 나무에 꽃이 아름답게 필 리 없고, 열매가 풍성하게 열릴 리가 없다.

마찬가지로 그 잎새가 무성하고 싱싱해져야 그 뿌리 또한 튼튼하게 자리 잡아서 영원무궁해질 것이다. 그러니까 나무 잎새와 뿌리와의 관계는 각각 별개의 존재가 아니라 공존공생의 관계요 공동운명체라 할 수 있는 것이다. 이러한 논리는 우리 인간들에게도 적용되어 나 자신은 나뭇잎에 해당하고 조상님은 그 뿌리에 해당된다고 볼 수 있겠다. 바로 이러한 원리 때문에 우리 자손들은 자신의 조상님을 잘 모시고 위해 드려야 하는 것이고, 그러한 논리는 가까운 조상님뿐 아니라 먼 윗대 조상님에게도 그대로 적용된다고 본다.

그런데 개중에는 자기 자신이 하늘에서 떨어진 것처럼 행동하는 이가 있고, 돌아가신 조상님과는 별개의 존재인 것처럼 행동하는 이도 있고, 모두가 제가 잘나서 잘 먹고 잘 사는 것처럼 행동하는 이들이 있으니 그야말로 한심하기 짝이 없는 인간들이라 아니할 수 없다. 또 한 아버지 자식이요 한 할아버지 자손이요 먼 윗대로 올라가서 같은 조상님의 자손이라면, 우리는 모두가 한 형제요 동조동근의 일가친척인데, 서로 헐뜯고 싸우고 자신의 이익을 챙기는 일에 급급해서야 되겠는가. 할아버지가 같다면 비록 돌아가신 조상님이기는 하지만, 그 자손들이 사소한 일로 서로 싸우는 것을 원치 않을 것이다. 그러니까 형제나 일가들끼리 서로 싸우는 것도 조상님을 잘 위해야 한다는 우리 전통적인 숭조사상에 위배된다는 것을 알아야 되겠다.

어떻든 조상님을 잘 모시라는 숭조사상은 살아계신 부모님을 잘 모시라는 '孝'의 연장선상에 있다는 것을 깨달아야겠다. 그런 의미에서 명절 차례 때나 기제사 때 정성 드려 제사지내고 아울러 윗대 조상님께 올리는 시제에도 열심히 참석해서 자손 된 도리를 다해야 된다고 생각한다. 그리고 한식 때나 벌초할 때만 조상님 산소를 찾아가지 말고 마치 살아계신 부모님께 문안드리듯이 조상님의 산소를 자주 찾아가서 성묘를 해야 된다고 생각한다. 그것은 조상님을 위하는 일이 바로 나 자신을 위하는 일이요 나아가서는 내 자손들을 위하는 일이라고 생각되기 때문이다. 우리 속담에 '잘되면 제가 잘나서 잘된 것이고 못 되면 조상 탓한다.'는 이야기가 있는데, 이것을 '잘되면 조상님의 은덕으로 잘된 것이고, 못 되면 자기 자신을 탓해야 한다.'는 내용으로 바뀌어져야 마땅하다고 생각된다.

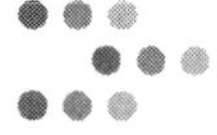

고향 집

내 고향 대둔리 집은 우리 부모님은 물론이고 나로서도 특별히 애정을 가지고 있는 집이다. 그 집은 6·25사변 직전에 지었는데, 그 집을 지을 때 어린 나이로서 흙, 나무, 돌 등을 직접 나르고, 벽을 바를 때는 미장이가 일할 수 있도록 내가 나무 삽으로 흙을 떠주는 일을 담당했기 때문이다. 그리고 1·4후퇴 때 마을의 모든 집들이 불탔는데, 우리 집만 용케 살아남아 전쟁이 끝난 후에 새로 짓지 않고 지금까지 버티고 있었으니, 그 수명이 50년 이상 된 집이라고 하겠다. 우리 부모님은 서울에 와 계실 때, 기동력만 제공해 주면 고향집을 찾아가서 청소하고, 마당에 풀을 뽑고, 관리하기를 희망하였다. 그렇기 때문에 나는 적어도 한 2년간은 2달에 한번 또는 석 달에 한번 서투른 운전을 해가면서 부모님을 모시고 고향집을 다녀오는 일을 정기적으로 하였다.

그래서 지난 2월 10일에도 부모님을 모시고 고향집을 가다가 부평 터널을 지난 다음 빙판에서 미끄러져 큰 사고를 당하게 되었던 것이다. 그 사고로 부모님은 돌아가셨고, 나는 대장이 파열되어 복막염으로 번져서 큰 수술을 받았고 현재까지 완쾌되지 못한 상태에 있다.

그리고 내가 정년퇴직할 날이 이제 3년 반가량 남았는데, 학교를 그만두게 되면 연구실과 교수아파트에 있는 책들을 고향집으로 옮겨서 그곳에서 독서와 글쓰기로 세월을 보내고, 여주와 원주의 문인들과 교류하면서 지내기로 작정하였다.

우리나라는 현재 산업화 도시화로 일할 수 있는 젊은이들은 모두 서울 등 대도시로 떠나가고 시골에는 거의 일할 수 없는 노인들만 남아서 빈집을 지키거나 그 노인들마저 살지 않는 빈집들이 많이 생기게 되었다. 그래서 어쩌다가 타 지역이지만 시골을 가게 되면 빈집들을 많이 보게 되고, 그 빈집들은 청소와 관리를 하지 않아서 반쯤은 허물어지고 쓰러져서 흉물스러운 폐가가 되었다. 이런 폐가가 우리나라 농촌 마을 어느 곳에나 한두 채는 있는 형편이고, 그것을 뜯어내지 않고 방치해서 큰 문제라 생각되고, 그 마을의 인상마저 나쁘게 만드는 요인이 되고 있다.

내 고향 대둔리에도 마을 입구에서 조금만 들어가면 이러한 빈집이 한 채 있다. 사람이 살지 않는 것 같았고, 대문은 큰 자물쇠로 굳게 잠겨서 사람들의 출입이 불가능한 상태였다. 이 집은 과거에는 내노라하는 갑부 집이었고 형제들도 5명이나 되는데, 모두 잘살면서 품위를 유지하여 띠글띠글했고, 자식도 서울에서 좋은 대학을 나와 번창하는 집 같았다. 그러나 자식이 사업에 실패하고 직장도 잃고 전전긍긍하면서 그 집마저 관리하지 않고 방치하여 멀지 않아 흉물스런 폐가가 될 형편이다.

나는 고향에 갈 때마다 그 집 앞을 지나면서 저렇게 방치하고 관리하지 않으면 안 된다고 생각했고, 그 집 자체가 낡고 허물어져 가는 모습을 안타깝게 생각했다. 그러면서 그처럼 퇴락해가는 그 집을 보면 그 자손들마저 형편없고 하층민 생활을 하면서 고단한 삶을 영

위해 갈 것이라 생각했다.

그렇다면 현재 우리 집은 어떻게 되었는가. 지난 2월 10일 이후 청소 한번 제대로 한 적 없고, 마당에 난 잡초를 제거한 적도 없고, 여기저기 손볼 곳이 생겼는데 수리한 적도 없다. 안채 방이나 바깥채 방이나 열쇠가 고장 난 채로 방치되었고, 대문 한 짝이 떨어져서 뒹굴고 있다는 소식이 들려왔는데도 그것 하나 제대로 고치지 못하고 내버려 둔 상태이다.

나는 아직도 재수술을 받아야 하는 환자의 몸이고, 기동력이 없어서 자주 가서 살펴볼 수 있는 형편이 못 되고, 그 청소와 관리를 전혀 하지 않았으니, 그 집 모양은 낡고 흉물스럽게 변해가고 있을 것이다. 아무리 좋고 튼튼한 집이라 하더라도 사람이 살면서 관리하지 않으면 금방 망가지고 못쓰게 된다고 하는데, 이 집을 어떻게 관리하고 보존해야 될지 난감할 뿐이다. 솔직히 말해서 남들이 시골집을 비워두고 관리하지 않고 방치해 둔 모습을 보면, 속으로 흉을 보면서 저럴 수가 있나 하고 비아냥거렸는데, 이제 내가 그들처럼 고향 집을 방치해 두게 되었으니, 사람의 일이란 참으로 알 수 없는 것이라 생각했다.

그 동안 시골집을 관리하지 못한데 대해서 무엇보다도 돌아가신 부모님께 죄송하게 생각하고, 적어도 내가 살아있는 동안은 흉가나 폐가를 만들지 않고 잘 보존하고 관리해야겠다는 것이 내 입장이다. 그래서 내일 6월 6일 현충일 날 그야말로 몇 달만에 아내와 아들과 동생들을 데리고 집을 돌보고 청소하고 풀을 뽑고 망가진 곳을 고치러 내려가기로 하였다. 그렇게 되면 그 동안 무거워졌던 내 마음이 조금은 가벼워질 것이고, 동네 사람들 보기에도 조금은 덜 부끄러울 것이라 생각했다. 또한 앞으로 더욱 자주 내려가서 사람이 살지 않으면서도 사람이 살고 있는 집처럼 산뜻하게 꾸며야 되겠다고 마음 속으로 다짐하였다.

고향마을의 느티나무

금년 8월에는 남북 이산가족들의 만남과 남북예술단들의 상호 방문이 실현될 것이라고 한다. 또 실향민들이 민통선 북방에 있는 <조상묘 찾기>운동에 참가했다는 보도가 있었다. '어머님 묘소가 바로 저긴데' '눈물 글썽이며 53년만의 큰절' '꽃이 무더기로 핀 저기 어딘가에 내 이름과 동생 이름이 적힌 비석이 나뒹굴고 있을 텐데'라는 표제나 기사내용을 접하게 되니, 남북 자유왕래가 하루 빨리 실현되었으면 하는 마음 간절할 뿐이다.

이처럼 고향에 가고 싶어도 가지 못하고, 이산가족을 만나고 싶어도 만나지 못하고, 성묘를 하고 싶어도 할 수 없는 분들에 비하면, 고향을 남쪽에 둔 나 자신은 너무나 행복한 존재임에 틀림없다. 마음만 먹으면 언제든지 달려갈 수 있고, 그 고향에는 부모님과 가까운 친척들이 살고 있고, 조상님들의 묘소가 있어 언제고 참배할 수 있으니 얼마나 다행한 일인가.

그러나 고향으로 가는 길이 생각했던 것처럼 쉽지만은 않다. 명절 때나 큰일 때가 아니면 좀처럼 고향 방문길에 나서지를 않는다. 그곳에 가서도 용무를 마치게 되면 곧바로 되돌아오게 되지 여러 날을 머물면서 향수를 달랠 만한 여유도 없었다. 내 고향 하면 내 어린시절을 떠올리게 되고, 내 어린시절을 회상하면 마을 앞에 몇 백 년 묵은 아름드리 느티나무를 생각하지 않을 수 없다. 이 느티나무는 5백년 이상 되었다고 하는데, 그 울창한 가지와 잎새들이 하늘을 가려 거대하기 이를 데 없었다.

그런데 해마다 삼복염천이 되면 그 느티나무 그늘은 이 마을 사람들의 피서지가 된다. 원체 오래되고 커다란 나무인지라 그 밑에 생기는 그늘도 100여명 이상의 사람들이 동시에 앉아서 땀을 식힐 수 있는 공간이 형성된다. 이곳에는 무덥고 뜨거운 여름철이면 마을 사람들이 모여들게 되어있다. 바람 한점 없는 여름날 나무들의 잔가지조차 흔들리지 않고 울타리 위에 호박잎이 더위에 지쳐 축 늘어져 있을 때라도 이 느티나무 아래는 시원한 바람이 일어 10년 묵은 체증이 뚫린 것만큼이나 상쾌한 기분이 들게 한다.

아이들은 이곳에 모여 놀이도 하고 노래도 부르고 장난들을 치니까 어른들을 시끄럽게 한다. 어른들은 힘든 농사일을 하다가 점심시간을 이용하여 이곳에서 낮잠을 즐기기도 한다. 노인네들은 이곳에 모여 장기나 바둑을 두고 서로 재미있게 담소한다. 그런데 아무리 무더워도 여인네들은 이곳에 모여들지 않는다. 그것은 '남녀유별'이니 '남녀칠세부동석'이니 하는 전통적 윤리관에 의해서 형성된 어쩔 수 없는 현상이리라. 그러나 남자들이 많이 모여 있지 않은 시간에 할머니들이 이곳에 자리를 깔아놓고 손주들을 돌보면서 지내는 광경은 아름다워 보였다.

하여간에 이 느티나무가 만들어주는 그늘 속은 우리 마을 사람들의 자연 피서공간이다. 아무리 무더운 날에도 이곳에 가면 더위를 식힐 수 있다. 그 시원한 바람 속에 온갖 잡념마저 사라지게 되니 이보다 더 좋은 피서지가 어디에 있겠는가. 이곳에 가면 부채도 필요 없고, 에어컨도 필요 없고, 냉장고도 필요 없다. 사람들이 덜 모이는 시간에 가서 독서를 해도 좋다. 책을 보다가 졸리면 낮잠을 즐겨도 좋다. 그 느티나무 아래서 장기나 바둑을 두거나 즐거운 게임을 해도 좋다. 이 느티나무는 오직 우리 인간들을 시원하게 해주고 이롭게 해주고 많은 사람들을 즐겁게 해준다. 고생고생하면서 바캉스를 떠날 필요도 없다. 피서지까지 찾아가느라고 자동차 속에서 고생할 필요도 없다. 그 복잡하고 사람 많은 곳에 가서 바가지요금에 시달리지 않아도 된다.

불결한 위생 시설 때문에 골머리를 앓지 않아도 된다. 누구든지 찾아가면 반갑게 맞이해 준다. 남녀노소를 구분하지 않고 빈부귀천을 가리지 않고 똑같은 혜택을 나누어 준다. 그런 점에서 우리 고향 마을의 느티나무는 살신성인의 성자와 같다. 자신은 그 무서운 폭양을 한 몸에 받고서 그 곳을 찾는 사람들에게 시원한 공간을 제공해준다. 그러면서도 그 곳을 찾는 사람들에게 돈을 받거나 대가를 요구하지 않는다. 자기가 잘났다고 떠들어 대지도 않고, 자기가 잘했다고 공치사하지도 않는다. 그저 몇 백 년 동안 의연하게 버티고 서서 이 마을 사람들에게 은혜를 베풀어 주고 있다.

하여간에 내 고향하면 내 어린시절을 떠올리게 되고, 내 어린시절을 회상하면 마을 앞에 몇 백 년 묵은 느티나무를 생각하지 않을 수 없다. 더구나 요즘처럼 무질서하고 무례하게 자신의 이익을 최우선으로 삼으면서 살아가는 사람들이 많은 세상에 내 어린시절 내 고향 느티나무를 그리워하지 않을 수 없다.

선대 산소부터 성묘를 하다

지난 11월 23일 아우 용좌와 함께 조상님 산소 성묘를 다녔다. 용좌가 운전하고 나는 그 옆자리에 앉았다. 그러면서 하루 종일 많은 이야기를 나누었는데, 그때 보고 듣고 느낀 점을 적어보려는 것이 이 글의 목적이다. 용좌는 10여 년 전부터 단학선원에 다니면서 단전호흡을 하고, 체력 단련을 하고, 그 방면의 수련과 지식을 쌓았다. 그러다가 90년대 후반부터는 우리나라 상고사 특히 단군조선의 역사에 심취해서 많은 공부를 했고, 그 공부를 바탕으로 「제4의 물결」이란 책을 발간하였다. 출판사는 대단한 나라, 인쇄는 태창문예 인쇄소, 발간 날자는 2002년 11월 18일이었다. 나는 그 책을 읽고서 이해되는 곳이 많았지만, 어떤 곳은 왜 그런 주장을 폈는지 근거가 희박해서 이해되지 않는 곳도 있었다. 이제 그 책을 조상님께 먼저 고하고 다음에 판매를 시작하겠다는 의미이다.

제2 중부 고속도로로 접어든 우리 차는 아무런 막힘없이 시원하게 내달린다. 주말이나 공휴일이면 늘 막히던 이 도로가, 옆쪽에 고속도로 한 개가 더 생김으로써 소통이 원활하게 된 것이다. 영동 고속도로로 접어든 다음에는 이천과 여주를 지났고, 노림리를 지날 무렵에는 건너편 고향 마을 대둔리를 바라보았다. 나는 차를 타고 원주를 드나들 때가 많았는데, 이곳을 지나게 되면 의식적으로 강 건너편 고향 마을을 바라보곤 했던 것이다.

창 밖에 전개되는 풍경은 늦가을이라 하기에는 너무 삭막하고, 겨울철이라 하기에는 아직 이르다는 느낌을 갖게 했다. 산에는 아직도 덜 떨어진 나뭇잎들이 마지막 안간힘을 다해 매달려 있는 모습들이 눈에 띄었다. 이미 추수가 끝난 들판은 검은 육신을 드러낸 채 자연 그대로의 모습을 보여주었다.

용좌는 무슨 힘을 믿고 그러는지 자기 책이 베스트셀러가 되어 백만 권 이상 팔릴 것이라고 호언장담한다. TV와 인터넷에 밀려 책을 제대로 읽지 않는 것이 우리 독서계의 현실이고, 책을 찍어내도 제대로 팔리지 않는 것이 출판계의 현실인데, '아우가 너무 과대망상에 빠졌다'는 생각을 하였다. 그렇더라도 그 발간한 책을 시조부터 아버님 산소까지 성묘하면서 조상에게 먼저 바치고, 그 다음 세상에 내놓겠다는 뜻은 갸륵하다고 생각했다. 그것은 아주 상고시대부터 행해지던 우리 조상들의 제천의식이나, 샤머니즘적 사고방식에서 유래된 것 아닌가. 사실 인생을 살아보면 우리 조상님들이 입버릇처럼 하시던 말씀들이 하나도 그른 것이 없었다. 현대인들은 그것을 미신이니 비과학적이니 하면서 받아들이지 않지만, 그야말로 누천년 경험에서 우러나온 지혜라는 것을 깨달아야겠다.

이런 생각을 하다보니 차는 원주 시내로 접어들었고, 봉천내 다리를 건넜고, 치악산 석경촌으로 향해 가다가 좌회전하였다. 우리 조상님들이 계신 본재 쪽으로 가려는 것이다. 본재에 가면 시제 때마다 제물을 준비하고 차리는 묘막이 있다. 그리고 2백 미터 가량 산으로 올라가면 시조부터 내리 7분 조상님을 모셔놓은 설단지가 있다. 이

일곱 분 조상님들은 실묘 되어 거처를 얻지 못했다가, 90년대 초 종 중에서 모금하고 회장이 거금을 희사하여 단을 모으고 비석을 세우고 조경을 해서 위엄 있게 만들어 놓았다.

그래서 매년 음력 10월 1일이면 전국에서 자손들이 2백 명 가량 모여 제사를 올렸던 것이다. 우리들은 시조부터 한분한분 따로 잔을 올리고 책을 바치고 재배하였다. 마음속으로 '이처럼 편안하게 잘 사 는 것은 모두 조상님의 은덕입니다'라고 감사하였다. 다음은 8대 익 흥군 내외분 산소로 가서 역시 책과 잔을 올리고 재배하였다. 익흥군 산소는 최근에 터를 넓히고 축대를 높게 쌓아서 새로 단장했기 때문 에 규모가 크고 잔디가 잘 살고 위엄 있어 보였다. 그 당시 이 산간 에는 된서리가 내리고 약간 쌀쌀했지만 날씨가 쾌청해서 우리들의 장 도를 축복해 주는 것 같았다.

그 다음 찾아간 곳이 9대 관란 원호 선생의 산소, 내남송 입구로 해서 산 밑에 주차시키고 산소로 올라가니 낯선 손님들 5분이 와 있 었다. 그들은 왔다 갔다 하면서 안내문을 메모하고 비석을 읽고 패철 을 놓아보고 사진을 찍느라고 분주하였다. 나는 이방인들을 보고 '어 디서 온 분들이냐'고 정중하게 물었다. 그중의 한분은 나이가 60대 초반 같았고 나머지는 40대나 50대 초반으로 보였다. 나는 물론 관란 의 17세손이라 밝혔고, 그중의 연장자는 한국풍수지리중앙회 김염규 회장이라고 하고, 나머지 분들은 그에게 풍수지리를 배우는 제자라는 것이다. 전국의 명당자리만 찾아다니면서 취재하고 사진을 찍고 해서 책을 발간하겠다는 것이 그들의 설명이다. 그래서 나는 '관란 선생 묘소 자리는 어떠냐'고 회장에게 물었다. 회장은 사방의 형국을 가리 키고 전문용어를 써가면서 천하명당이라고 하는데, 내 기억에 남는 것은 천하명당이란 말밖에 남지 않았다. 그들은 원균 장군, 원호 장군, 원천석 선생, 원두표 선생 등의 묘소 주소와 약도를 보여주면서 어떻게 찾아가는 것이 좋으냐고 물었다. 그들에게 정성을 다해 설명해 주고 우리들은 다음 행선지로 향하였다.

그곳에서 3km 가량 떨어진 교리공 할아버지 산소를 찾아가려는 것이다. 그 옛날 수양대군 사건 때 부친 관란 선생과 함께 벼슬을 버리고 이곳 원주에 낙향해 사셨는데, 그 당시 관란 선조는 벼슬이 집현전 직제학이었고, 교리공 선조는 홍문관 교리였다. 묘막 옆에 텃밭이 있고, 그 텃밭에서 약간 경사진 곳으로 올라가면 교리공 산소가 계신다. 할머니는 성남에 계시고 할아버지만 이곳에 모셔져 있다. 올라가서 전례대로 배례하고 산소를 둘러보니 규모는 크지만 관리는 제대로 안 되었다고 생각했다. 잔디가 잘 사는 것 같지도 않았고, 설치한 석물들도 평범 이하라는 생각이 들었다. 자손들이 많이 있고, 잘된 사람들도 많고, 잘사는 사람들도 많을 텐데, 이처럼 방치하다니 너무하다는 생각이 들었다. 그러나 다른 사람들만 탓해서 무엇하랴! 나 또한 한탄만 했지 선뜻 나서서 번듯하게 해드리지 못하고 있으니…

우리들은 그 다음 문막으로 와서 시가지 뒤쪽의 선대 산소로 올라갔다. 여기에는 11대 사직공 산소로부터 17대 산소까지 모셔져 있다. 사직공은 교리공의 4남이시고 그 자손들은 오늘날 주로 대둔리에 집성촌을 이루면서 살고 있다. 이 문막에서 누백 년 터 잡고 사시다가 지금의 터전 대둔리로 이주해서 자손들이 번창하게 되었던 것이다. 제일 먼저 사직공 산소로 올라가서 책과 잔을 올리고 배례하였다. 산소를 둘러보니 묘역이 좁고, 잔디는 안 살고, 수맥이 흐르는지 봉분과 주변에 푸른 이끼가 돋아 있었다. 그리고는 바로 바닥에 있는 12대 산소로 와서 성묘했는데, 역시 묘역이 좁고, 봉분은 퇴락하고, 잔디는 잘 안 살고, 잡초가 제법 눈에 띄었다.

다음에는 바로 근처에 있는 두 분 조상님 산소를 다니면서 성묘했는데, 그 당시는 표석을 보고 몇 대조인가 확인했지만, 지금은 정확하게 기억나지 않는다. 이 두 분 산소는 그야말로 관리가 엉망이었다. 묘역이 좁아서 자손들이 엎드려 절하기도 불편할 정도였고, 봉분과 주변 둘레가 퇴락하였고, 잔디보다는 잡초가 무성한 상태였다. 자고로 자손들이 번창하고, 사회적 지위가 높고, 여유 있게 살면 조상묘가 호화롭고, 그 반대면 자손들이 사회 밑바닥에서 힘겹게 살아가는 것이 상례인데, 이제 조상묘 앞에서 퇴락한 광경을 보니, 그저 한없이 부끄럽고 죄송할 뿐이었다. 그 다음에는 더 부끄러운 일이 벌어졌다. 나머지 3분 조상 묘를 찾아다니는데, 찾을 수 없었던 것이다. 그 옛날 20세 전에는 시제 때 이곳을 다니면서 제사를 지냈는데, 그 이후 거의 다니지 않았으니 선조 묘를 찾을 수 없었던 것이다. 한 30분가량 헤매다가 포기하고 고향 대둔리로 왔다.

먼저 18대 산소를 찾아뵈려는 것이다. 그러나 18대 산소 또한 마을 뒤편 절터골에 있다는 이야기만 들었지 한번도 찾아뵌 적이 없었다. 우리들은 마을 사람들에게 가는 길을 묻고 절터골 올라가는 길로 접어들었다. 그 동안 사람들의 왕래가 별로 없어서 올라가는 길이 나있지도 않았다. 풀과 나무는 우거진데다가 오르는 길이 급경사 져서 가쁜 숨을 몰아쉬고 헐떡거리면서 올라갔다. 30분 이상을 올라갔을 때 그 옛날 암자가 있을 만한 평지를 만났고, 그 뒤쪽으로 18대 산소가 모셔져 있었다. 전례대로 책과 잔을 올리고 배례하였다. 그리고는 생전 다니지 않다가 처음 찾아뵙는 불효를 빌었다. 사실 이 18대는 슬하에 5형제분을 두셨고, 우리는 바로 3번째 집에 해당한다. 그 동안 다른 집안들은 번창하고 재산도 많아 잘 살았는데, 3째 집안은 가난하고 형편없고 소외당하면서 살아왔던 것이 사실이다. 그러나 근래에는 음지가 양지되어 무엇으로 보나 5집안 중에서 제일 잘 사는 집안이 되었으니, 옛말 그대로 음지가 양지될 때가 있다는 속담이 하나도 틀리지 않는다. 이 산소는 3년 전 대대적으로 사초를 했다는 이야기를 들었는데, 그래서 그런지 묘역이 상당히 넓고, 떼가 잘살고, 잡초도 없고, 석물들도 갖추어져 있었다. 저 아래 들판 한가운데로 문막 앞을 흐르는 섬강이 유유하게 흘러들어 오는 모습이 보였다. 이 높은 산꼭대기에 이처럼 좋은 산소 자리가 있다니 참으로 신기한 일이다. 그러기에 아드님을 5형제 분 두시고 대를 이어 자손들이 번창했던 것이 아닌가 생각된다.

내려올 때는 절터골 방향으로 내려오지 않고 굼벵이 골짜기로 내려왔다. 그리로 내려오니 넓은 길이 닦여 있었고, 급경사가 아니라 완만하게 내려올 수 있었다. 그래서 앞으로 18대 산소를 찾아뵐 때는 반드시 이 길을 이용하리라 마음먹었다. 다음은 능갱이 쪽으로 올라가서 19대, 20대 산소를 찾아뵈었다. 이곳은 몇 년 전 가까운 집안에서 돈을 모아 사초를 하고, 묘역을 정리하고, 대형 비석을 세우고, 상석, 촛대석 등을 세웠다. 누가 봐도 번듯하게 묘역을 가꾸고 정리했던 것이다. 이 조상님들은 위로부터 헤아리지 않고 나로부터 헤아리면 7대조, 6대조 산소가 된다. 우리들은 먼저와 같이 책과 잔을 올리고 배례하였다. 그리고 마음속으로 조상님의 은덕을 기리고 칭송하면서 앞으로도 계속 보살펴 주십사고 빌었다.

그러나 이 산들은 얼마 전까지만 해도 여주 군유림이었는데, 이제는 어느 골프장 주인에게 팔려 개인 소유가 되어버렸다. 그래서 새 주인이 이곳에 또 다른 골프장을 만든다고 측량을 끝냈고, 여기저기 푯말을 세워놓았고, 산소 앞에는 이장하라는 권고문을 세워놓았다. 그들의 입장에서는 재산권을 행사하는 것이겠지만, 우리의 입장에서는 청천벽력이고 암담할 수밖에 없는 것이다. 돈 없는 자의 설움, 약자의 설움을 그대로 맛보고 있는 것이다. 우리들은 바로 그 능선 5백 미터 가량 아래 있는 21대 산소로 자리를 옮기고 전례대로 조상님께 감사하면서 배례하였다. 이 5대조 산소 또한 여러 해전 사초를 하고, 묘역을 정리하고, 비석을 세우고, 석물들을 설치하였다. 그런데 이곳 또한 골프장 예정지가 되어 이장하라고 하니, 이 억울한 사정을 어디 가서 하소연해야 할지, 그저 서럽고 막막하다는 말밖에 달리 표현할 길이 없다. 살아있는 사람도 거주공간이 있어야 하듯, 돌아가신 조상님에게도 안식처가 있어야 하는데, 찍소리 못하고 쫓겨나게 생겼으니 이보다 한스러운 일은 없다고 생각했다.

다음은 같은 골짜기 사자골에 있는 22대, 23대, 24대, 25대 산소 즉 고조부모님, 증조부모님, 조부모님, 부모님 산소를 찾아뵙고 책과 잔을 올리고 배례하였다. 이곳은 그 동안 자주 방문했던 곳이라 마치 고향집에 왔다는 느낌을 갖게 했다. 이처럼 시조님 산소에서 부모님 산소까지 차례대로 성묘하고 나니 하루해가 다가고 어두워지기 시작했다. 그러나 하루 종일 돌아다녔는데도 몸과 마음은 피로하지 않고 한결 가볍고 상쾌했다. 조상님의 음덕으로 살아왔는데 그 동안 그 은덕을 잊고 살다가 이제야 그 은덕을 깨달았다는 액션을 취한 것이다. 앞으로도 기회를 만들어 이처럼 선대 산소 모두를 찾아뵙겠다고 다짐하면서 우리들은 영동고속도로를 달리고 있었다.

모든 것은 운명인가

요즈음은 많은 사람들이 대학원에 진학한다. 전국 각 대학에 설치돼 있는 대학원을 보면 그 대학원 숫자도 많고 특수대학원이라는 이름 아래 대학원 종류도 많다는 데에 놀라움을 금치 못한다. 옛날에는 대학 4년만 다니고 졸업을 했어도 엘리트니 지성인이니 하면서 우대를 받았는데, 지금은 대학만 졸업해 가지고는 어디 가서 명함도 못 내밀게 되었으니 세상 참 많이 달라졌다는 이야기밖에 할 말이 없다.

학사만 가지고는 부족해서 석사과정이 생기고 석사만 가지고도 부족해서 박사과정이 생겼으니, 언젠가는 그 위에 또 무슨 과정이 생겨날지 자못 궁금하고, 그리고 그러한 옥상옥이 결코 생겨나지 않으리라는 보장도 없는 것이다. 흔히들 대학원에 진학하는 것을 보면 진급에 필요해서, 좀더 높은 학벌을 얻기 위해서, 또는 참으로 학문다운 학문을 해보기 위해서 진학하는 등 여러 가지 경우가 있을 것이다. 대학원에 진학하게 되면 반드시 만나게 되어 있는 것이 이른바 지도교수다. 그 지도교수를 잘 만나느냐 못 만나느냐, 그리고 A라고 하는 사람을 만나느냐 B라고 하는 사람을 만나느냐에 따라서 자신의 운명이 결정되는 순간이기도 하다. 자신의 전공에 따라서 지도교수를 만나게 되고, 지도교수로 모실 사람을 먼저 정해놓고 그의 전공을 따라서 공부하는 등 여러 가지 경우가 생기게 마련이다. 그 어떤 경우가 되었든 간에 학생들은 지도교수에게서 학문하는 방법을 배우게 되어 있다. 직설적으로 이야기하면 지도교수에게서 논문 지도를 받게 되고 논문 쓰는 방법을 배우게 된다.

그런데 그 지도교수라는 사람 중에도 갈래가 여러 가지 있으니, 처음부터 끝까지 논문 지도를 착실하게 잘해주는 사람이 있는가 하면, 적당히 아우트라인만 일러주는 사람이 있고, 아예 지도교수라는 명칭은 명목상의 것이고 네 논문이니 네가 알아서 쓰라는 무관심파도 있다. 그리고 어떤 교수는 욕심이 많아서 대학원생들을 데려다가 자기를 지도교수로 모시라고 강요하는가 하면, 그 학생의 전공을 보면 다른 사람한테 보내서 지도를 받게 하는 것이 원칙인데도 자기가 차지하고 앉아서 오지랖 넓은 체하는 부류들도 있다. 그런데 어떤 지도교수는 아예 시간강사만큼도 학교를 지키는 시간이 적어 그의 지도를 받는 학생들이 지도교수의 코빼기 보기가 대궐 안의 상감님 얼굴보기보다도 더 어려운 경우가 있으니, 세상만사 요지경 속이라고 웃어넘길 수밖에 없는 현실이 안타깝다.

이처럼 중요한 지도교수의 위치는 내가 대학원에 다녔던 70년대 중반기의 사정도 마찬가지였다. 나와 함께 대학원에 입학한 동기들이 10여명 가량 되는데, 그들이 전공하겠다고 써낸 것을 보면 고전문학이나 국어학은 없었고 모두가 현대시나 현대소설 분야였던 것이다. 그 당시 현대문학 전공자들을 지도하게 된 현교수는 인기가 높았고 고전문학 전공자들을 지도하게 된 고교수는 인기가 적어 모든 학생들이 현교수한테 논문지도 받기를 원했던 것으로 안다. 어쩌면 그 당시 함께 입학한 동기생들이 모두 현대문학에 특별한 관심이 있어 그러한 희망 사항을 적어냈을 것으로 추측도 해본다. 한 분이 그 많은 학생들을 도맡아서 지도할 수는 없는 일이고 누구든 고교수나 다른 교수에게로 배정되어 논문지도를 받지 않을 수 없는 형편에 놓였던 것이다. 그런데 필자는 그 당시 현대시나 현대소설 공부하겠다고 써낸 것이 아니고 현대시조를 공부하겠다고 써냈던 것으로 기억된다. 그 당시 현대시조로 문단 데뷔를 한 상태라 한편으로는 시조 창작에 전념하고 다른 한편으로는 현대문학 이론을 섭렵해서 시조 평론도 해보는 이중적 작업을 시도해 보고자 했던 것이다.

그렇더라도 주최 측 입장에서 보면 한 학년 전체를 한 사람이 전부 맡아서 지도하게 할 수는 없는 일 아닌가. 그래서 현대문학 중에서는 소외지대에 속하고 학계에서는 별반 관심의 대상이 되지 못한 현대시조 전공 희망자들을 떼 내어 고교수한테로 보내는 분산 작업이 시행되었을 것으로 추측된다. 그러니까 현대시조도 현대문학이니까 현교수한테 가서 지도받게 될 것이라는 내 예상이 완전히 빗나갔다고 하겠다. 경위야 어떻든 간에 나는 고교수를 논문 지도교수로 모시게 되었고, 내 의지와는 상관없이 고전문학 전공자로 변신하게 되었다. 그 후 고전문학은 내 평생의 반려자가 되어 생사고락을 함께 하는 친구가 되었던 것이다.

그러나 그 당시는 얼마나 서운하고 섭섭했는지 모른다. 원하는 사람을 지도교수로 모시지 못했고, 현대시조보다는 고시조 또는 고전시가 쪽으로 방향을 바꾸어서 공부하는 궤도 수정 작업을 실행에 옮겨야 했기 때문이다. 인생만사 자기의 뜻대로 안 된다는 것이 바로 이러한 경우를 두고 이른 말인 것 같다. 그러나 이제 와서 생각해 보면 그 당시 내 지도교수로 고교수를 모시게 되고, 내 전공을 고전시가 쪽으로 방향 전환하게 된 것이 얼마나 큰 다행이요 복 받은 일이었는지 모른다. 그래도 고전시가 쪽을 공부하게 되었으니까 대학의 말석이나마 한 자리 차지하게 되었지, 만약에 현대시조로 석박사 과정을 일관했다면 오늘날과 같은 영광을 얻지는 못했을 것이다. 각 대학 국문학과에 향가, 여요, 고시조 등 고전시가 과목을 개설해서 강의하는 곳은 많지만 현대시조를 별도로 개설해서 강의하는 대학이 없으니 말이다.

한마디로 현대시조 전공자로 귀착되었다면 대학 강단에 설 자리가 없어 지금까지 우왕좌왕하는 신세가 되었을 것이다. 더구나 고교수님을 모시고 지내보니 그 인품 면, 덕성 면, 학식 면에서 현교수보다 훨씬 뛰어나고 훌륭한 분임을 알게 되었으니, 이런 분을 만나게 된 나는 그야말로 복 받은 사람이라고 자화자찬하지 않을 수 없다.

만약에 그 당시 현교수를 지도교수로 모시게 되고, 현대시조를 공부하는 사람으로 귀결되었다면 지금쯤 어떻게 되었을까를 되새겨보니 그저 아찔하다는 생각마저 든다. 그러니 내가 고교수를 지도교수로 모시게 되고, 고전문학 전공자로 바뀌게 된 것은 자의든 타의든 간에 전화위복이요 천우신조가 아니겠는가. 이것을 달리 해석하면 그 모든 것이 나에게 주어진 운명이었다는 것을 이제 와서야 깨닫게 되었으니, 어디 가서 못 먹는 술이라도 실컷 퍼마시고 취해 보아야겠다.

걷기 운동

정해년(丁亥年) 3월 중순 날씨가 포근하다. 아마도 금년 들어서 제일 따듯한 날씨 같다. 엊그제까지만 해도 황사에 꽃샘추위가 몰려와서 설을 거꾸로 센 듯한 느낌이 들 정도였다. 눈보라가 휘날리고, 강풍이 몰아치고, 잔뜩 찌푸린 날씨에 추위가 엄습해서 사람의 심신을 움츠려 들게 하였다. 그런데 오늘은 봄 날씨답게 따뜻하다. 생각 같아서는 가벼운 옷차림으로 산야를 돌아다니면서 싱싱한 봄의 영기를 마셨으면 좋겠다. 그러면 '고목에 꽃이 핀다.'는 말처럼 조금은 젊어지려나. 세속에 찌든 때를 씻어내고 삶의 향기를 맛보려나. 나는 우울증 환자도 아닌데, 요즘 와서 잔뜩 흐린 날씨처럼 마음이 밝지 못하고, 하는 일에 의욕이 안 생기고, 되는 일도 없고 안 되는 일도 없으니, 그저 답답한 마음 어떻게 풀길이 없다.

그래도 건강관리 하나만은 철저히 한다고 매일 아침 한강변을 산책한다. 집의 대문을 나서서 올림픽 대교 밑으로 내려가 천호대교를 지나 광진교 밑을 돌아서 오면 약 1시간이 걸린다. 이렇게 매일 아침 똑 같은 코스를 걷기운동을 하니, 내 몸의 건강이 많이 좋아진 것 같다. 이 운동만은 추울 때나 더울 때나, 눈이 올 때나 비바람이 불 때나 상관없이 계속한다. 물론 급한 용무로 지방에 내려가거나, 해외여행을 떠났을 때만은 예외다. 그렇지 않다면 만사를 제쳐놓고 이 아침 운동만은 끈질기게 실천한다. 그래서 그런지 오랜만에 만나는 친구들이 나를 대하면 상당히 건강해 보인다고 한다. 나는 건강을 유지하는 데 특별한 비법은 없고 이처럼 매일 아침 걷기 운동을 하는 것이 제일의 방법이다. 그리고 많은 사람들이 권하는 건강식품이나, 그런 회사에서 발간하는 홍보책자를 보고 건강식품을 사먹는 것이 제이의 방법이다. 아무리 규칙적인 운동을 하고, 심신단련을 해도 나이에 따라 신체의 기능이 약해지는 것만은 막을 방법이 없다. 하루 세끼 먹는 식사에 의지해도 무언가 부족한 것이 있다. 그래서 그 부족 부분을 조금이라도 보충하기 위하여 건강식품을 사먹는 것이다.

오늘 아침 한강변을 산책할 때, 강가의 수양버들이 시커멓게 변해가는 사실을 발견할 수 있었다. 나뭇가지에 물이 오르고 새싹이 돋아나려고 색깔 먼저 달라진 것 같다. 음지에 서있는 산수유나무 몇 그루에서는 노랗게 산수유 꽃을 피워냈다. 산책로 주변의 잔디밭에서는 새파란 새싹이 돋아나고 있지 않는가. 어떻게 그 시커먼 땅속에서 묵은 풀 사이를 비집고 저처럼 새싹이 돋아날 수 있단 말인가. 4계절의 변화에 따라서 자연은 어김없이 생장소멸의 원리를 되풀이하고 있는 것이다. 싹이 나고, 잎이 나서 자라고, 꽃이 피고, 열매 맺고, 누렇게 단풍 들다가 어디론가는 사라지는 것이다. 너무나 엄격해서 소름이 끼칠 정도이다.

사람이라고 해서 예외가 아니다. 나고 자라고 청장년이 되고 노년이 되었다가는 어디론가 사라진다. 식물이나 동물이나 그 원리는 똑같은 것이다. 이처럼 이 세상에 태어났다가 뜬구름같이 사라질 존재인데, 마치 천년만년 살 것처럼 아귀다툼을 하고, 남을 짓밟고 못 살게 구는 인간이 많으니, 어찌 한심스럽지 않겠는가. 핵폭탄은 만들어서 무엇하고, 미사일은 만들어서 어쩌자는 것인가. 자기 욕심을 채우기 위하여 많은 사람들을 희생시키겠다는 것인데, 이 세상 자연의 섭리가 남을 죽이고 저만 잘살게 되어있지 않다는 것쯤은 알고 있어야 하지 않겠는가. 이처럼 남을 죽이고 저만 잘살겠다고 살생을 일삼는 인간도 문제지만, 매사를 남의 탓만 하는 멍청이 인간도 문제다. 모 단체에서 회장 선거를 하는데, 그 후보자 중 한 사람이 허구한 날 남의 탓만 하고 있는 것이다. 제가 잘못한 것에 대하여는 일언반구 사과도 없이, 남의 약점만 잡고 늘어지니, 이런 인간이 이 사회에 존재한다는 것 자체가 부끄러운 일이다. 남은 백퍼센트 틀렸고, 저는 백퍼센트 옳다고 하니, 이런 인간이 교수면 뭐하고, 박사면 무엇 하겠는가. 좌로 가면 우로 안 간다고 시비 걸고, 올라가면 내려가지 않는다고 시비 걸고, 약속을 한 시간 빨리하면 왜 빨리하느냐고 시비 걸고, 공문서에 문구 하나, 글자 하나 가지고도 시비를 거니, 이런 놈이 어찌 회원들의 마음을 움직일 수 있겠는가. 남에게 베풀고, 남을 이해하고, 상대방을 이해하려 들고, 상대방의 입장을 배려해 준다면 본인이 회장을 하지 않겠다고 거절해도 모두 추대해서 그를 회장 자리에 앉히려 들 것이다.

이처럼 남에게 베풀 줄 모르는 인간이 제 생각은 합리적이고, 제 생각만 옳다고 하니 기가 막힌 노릇이다. 마치 지가 시험보고 지가 점수를 매기는 격이다. 자기에 대한 평가는 남이 하는 것이지, 제가 하는 것이 아니란 것쯤은 삼척동자도 알고 있는 문제이다. 그렇게 하고도 자기 뜻에 따라주면 옳다 하고, 따라주지 않으면 적이라고 생각하니, 이런 어리석은 자가 어찌 한 단체를 이끌어가는 지도자가 될 수 있겠는가. 그리고 사사건건 누구의 사주를 받았느니, 저의가 의심스럽다니 하는데, 이 세상에 누가 누구를 사주하고, 사주한다고 무조건 추종할 사람이 어디 있단 말인가. 이 사람이야말로 제가 제 무덤을 파고 있었던 것이다.

자기가 단체의 회장을 하고 싶으면 평소에 덕을 쌓고, 베풀고, 남을 이해하는 아량을 베풀면 되는 것이다. 그런 노력은 하지 않고, 사사건건 주변 사람들을 괴롭히다가 회장을 하겠다고 온갖 추태를 다 부리니, 이야말로 산꼭대기에 가서 숭늉을 찾는 격이라고 하겠다. 사람의 건강 문제도 마찬가지다. 그 건강을 위하여 공부하고 노력하고 시간을 투자했을 때 건강이 찾아오는 것이지, 그러한 노력 없이 그냥 이루어지는 것은 아니다. 하여간에 일본에서 100세 넘은 어느 노인이 장수의 비결을 다음과 같이 이야기했다고 한다. 1. 규칙적인 생활, 2. 운동, 3. 물 많이 마시기, 4. 긍정적인 사고방식. 이 중에서 긍정적인 사고방식이나 세계관은 그 사람의 교양이나 인품과 관련되는 사항이다. 그러니 건강하게 오래 살려면 운동도 열심히 해야 되겠지만, 마음의 수양도 열심히 해야 된다는 이야기다. 그러니 나도 걷기운동을 열심히 함과 동시에 마음 닦는 일을 게을리 하지 말아야겠다고 다시 한 번 다짐해본다.

행복을 찾으려면

언젠가 방송에서 "이 세상에 살아있다는 것만으로도 감사해야 한다"는 말을 들은 적이 있다. 이 세상에 태어나지 못한 영체도 많고, 살다가 이미 죽은 사람도 많은데, 사지가 멀쩡하게 살아있고, 하루 세 끼 밥을 잘 먹으면서 활동할 수 있다는 것, 얼마나 고맙고 감사해야 할 일인가. 더구나 아들 딸 잘 나서 모두 출가시키고, 그들 또한 아무 탈 없이 잘 지내고 자기들 업무에 충실하고 있으니, 나는 복 받은 사람이라고 자위할 때가 많다.

길을 가다보면 불구의 몸이 되어 불편한 사람을 목격하게 된다. 이럴 때 나는 내 사지가 멀쩡하고 튼튼하고 활동하기에 아무 불편이 없으니, 하느님께 또는 조상님께 감사한 마음으로 살아야겠다는 생각을 하게 된다. 비록 돈이 많지는 않지만, 나보다 못한 사람들이 더 많다는 것을 생각할 때, 진심으로 감사한 마음을 아니 가질 수 없다. 나는 손녀가 둘이 있고 손자는 없어서 약간 마음이 언짢을 때가 있지만, 그 손녀마저 없는 분들도 있으니, 그들에 비하면 나는 행복한 사람 아닌가. 남들은 정년퇴직하고 할 일이 없어서 거리를 방황하거나 무위도식하는 이가 많은데, 나는 정년퇴임하고도 문화원장 직에 있으면서 활발하게 활동하고 있으니, 이 또한 나의 복이라 생각지 않을 수 없다.

나는 지난 날 신문이나 방송에서 해외로 골프 여행 다니는 사람들이 많다는 보도를 보거나 들은 적이 있다. 그럴 때 정말 할 일 없는 사람들이 해외골프 여행을 다니는 것이라 생각했다. 국내에도 골프장이 부지기수인데, 왜 국내 것을 이용하지 않고, 해외로 가서 골프를 치고 외화 낭비를 하는지 도무지 이상한 사람들이라고 생각했던 것이다. 그런데 우리 종친 중에 한 사람과 업무상 가끔 만나다보니, 그분이 바로 골프여행의 핵심 분자였던 것이다. 성남에 있는 70여 평짜리 빌라에 사는데, 나 같은 서민은 감히 흉내도 낼 수 없을 정도의 부유한 생활을 하고 있었다. 물려받은 유산이 많아서 그런지, 본인이 돈을 잘 벌어서 자수성가한 것인지는 모르지만 우리나라 사람으로서는 최상류 생활을 하고 있었다. 그분의 말씀이 "나는 일 년의 절반은 해외에서 골프를 치거나, 요양을 하면서 지낸다"고 하였다. 과거에는 주로 미국이나 태국 쪽으로 다녔는데, 지금은 주로 말레지아로 갈 때가 많다는 것이다. 그런데 국내에 있으면 한달 용돈을 2천만 원 가량 쓰고, 해외에 나가면 7백만 원 가량 써서 오히려 해외에 나가는 것이 돈을 절약하는 방법이라고 한다. 나는 이런 사람에 비하면 한 달 용돈이 형편없고 불평등을 느끼지만, 그렇게 돈 많고 잘 쓰는 갑부를 만날 수 있고, 교류할 수 있다는 것 자체만으로도 감사한 마음을 가지면서 살아간다.

그 외에도 우리들이 감사한 마음을 가져야 할 일이 얼마나 많은가. 매일 밥 잘 먹고 소화 잘 시켜서 건강하니 이보다 더 고마울 데가 없다. 내가 전에 수술을 받고 병원 생활을 해보았지만, 밥을 먹고 싶어도 먹지 못하는 사람들이 너무 많았다. 어쩌다 먹었더라도 소화를 시키지 못해서 고통을 받는 사람들을 너무 많이 목격하였다. 밤에 자고 싶어도 불면증에 시달리면서 잠 못 이루는 사람들은 얼마나 많은가. 그 불면증 때문에 잠을 자지 못하고 꼬박 새우는 사람들도 의외로 많다. 그런데 나는 밤마다 수면을 실컷 취하고 건강을 잘 지키니, 은혜 받은 사람이라 생각지 않을 수 없다. 그리고 60대나 70대가 된 사람들 중에는 할 일이 없어서, 무료하고 지루하게 나날을 보내는 사람들이 너무 많다. 그에 비하면 나는 항상 책을 읽을 수 있고, 작품을 쓸 수 있고, 출근할 곳이 있고, 여기저기서 나와 달라는 쪽지가 많이 날아오니, 참으로 행복한 사람이라 자위해본다.

그러나 우리 주변에는 자기에게 주어진 현실에 대하여 만족하지 못하고 불평불만 하는 사람들이 너무 많아서 걱정된다. 툭하면 남을 탓하고, 남을 욕하고, 자기주장만 옳고, 남의 의견을 들으려 하지 않는다. 탐욕으로 가득 차서 제 이익만 챙기고, 남을 깎아내리기만 하고, 앉으면 남의 흉을 보거나 비방만 하는 인간들이 너무 많다. 우리 속담에 "똥 묻은 돼지가 겨 묻은 돼지 나무란다"는 말이 있는데, 이처럼 남을 비방하거나, 흉보는 사람들은 그 자신의 허물이 더 크다는 것을 모르고 있는 것이다. 그리고 요즘 유행하는 말에 "자기가 하면 낭만이고 남이 하면 불륜이다"라는 말이 있는데, 남의 잘못에 대하여는 추상같고, 자신의 잘못에 대하여는 관대한 인간들이 많고, 이러한 자들이 국가의 고위층에 있거나, 집권층에 포진되었으니, 나라가 혼란해지고 각박해지고, 교육이 무질서해지고, 목소리 큰놈들의 시위 천국이 되고, 사방에서 못살겠다고 아우성치는 소리가 요란하게 들릴 수밖에 없는 것이다.

그러면 우리들은 어떻게 생각하고 어떻게 행동해야 진정으로 행복을 창출하면서 살아갈 수 있는가? 나는 근래에 천도교 교령을 지낸

이철기 선생의 강연을 들을 기회가 있었는데, 그분의 말씀을 중심으로 이 문제를 풀어보고자 한다.

우선 육적 욕구를 만족시켜야 한다. 아무리 정신적으로 만족하려해도, 배고프고, 머리 아프고, 팔다리가 아프면 행복감을 느낄 수 없다. 예를 들어 먹은 밥이 체해서 배가 몹시 아픈데 행복할 수 있겠는가. 교통사고를 당하여 온몸이 쑤시고 아픈데 행복감을 느낄 수 있겠는가? 그러니 우리들은 건강하게 잘 먹고 잘 자고, 다시 말하면 배부르고 등이 따스해야 만족감을 느낄 수 있는 것이다. 두 번째는 양심적 욕구를 충족시켜야 한다. 아무리 물질적으로 풍부하고, 권세와 지위와 명예가 대단하면 무엇 하겠는가. 예를 들어 친일파의 재산을 물려받았다면 그 재산이 태산처럼 많다 하더라도 무슨 소용이 있는가. 요즘 많이 문제되는 부동산투기해서 번 돈, 그 돈이 아무리 많은들 무슨 소용이 있는가. 그 외 정경유착이나, 부정부패해서 얻은 재산들도 쓸모없기는 마찬가지다. 그러니 재산, 명예, 지위가 아무리 남의 부러움을 살 정도라도, 그 취득 과정에 하늘을 우러러 한 점 부끄럼이 없고, 땅을 굽어보아서 한 점 부끄럼이 없지 않고서는 그 정당성을 부여받을 수 없는 것이다.

세 번째는 지능적 욕구를 만족시켜야 한다. 사람은 태어나서부터 죽을 때가지 배우면서 살다가 간다. 우리들이 자녀들을 학교에 보내고, 대학에 보내고, 대학원에 보내는 것도 이 지능적 욕구를 만족시켜 주기 위해서다. 사실 공부 많이 한 사람은 잘 살고, 공부 못한 사람은 못산다고 하는 것은 이미 잘 알려진 공식이 되어버렸다. 또한 어떤 문제에 대하여 잘 알면 쉽게 해결할 수 있는 것을, 잘 모르면 고생고생하고도 해결하지 못하는 경우를 여러 번 보게 된다. 그리고 요즘은 평생교육 차원에서 나이 먹은 분들이 향학열에 불타 있는 경우가 많은데, 이 모두가 지능적 욕구를 만족시킴으로써 행복을 얻을 수 있다고 생각하기 때문이다. 이 세상 살아가는 데는 바른 지식, 바른 정보, 바른 실력을 많이 확보하고 있어야 편리하고 좋다는 것은 재언을 요하지 않는다.

네 번째는 정서적 욕구를 만족시켜야 한다는 점이다. 위에서 언급한 세 가지 점을 충족시켰더라도 이 정서적 욕구가 결핍되면 불완전할 수밖에 없는 것이다. 그리고 이 정서적 욕구가 모자라면 그 사람은 항상 불안하고 히스테리가 되어 안정된 생활을 할 수 없다. 이 정서적 욕구 또한 몇 가지로 나누어 생각할 수 있는데, ①은 진선미를 갖추어야 한다는 점이다. 진선미는 인간이 추구하는 최고의 가치다. 이 최고의 가치를 소유하게 되면 정서적인 안정감을 갖게 됨은 물론 삶의 희열을 느낄 수 있을 것이다. ②는 눈높이를 낮추는 일이다. 우리 속담에 올라가지 못할 나무는 쳐다보지도 말라고 했다. 공연히 올라가지 못할 나무에 올라가다가 떨어져서 다치는 것보다는 차라리 땅바닥에서 안 올라가고 마음 편하게 지내는 편이 훨씬 낫지 않는가. 자기 실력으로 갈 수 없는 대학을 무모하게 도전했다가 자꾸 떨어지고, 자기 능력으로 입사할 수 없는 회사에 도전했다가 쓴 경험을 하고, 자기가 바라보아서는 안 될 이성을 자꾸 흠모하다가 상처받는 경우를 우리는 많이 보게 된다. 눈높이를 낮추고 자기 분수에 맞게 생활하는 지혜가 필요하다. ③은 긍정적 세계관을 가지라는 점이다. 어떤 사람은 매사를 부정적으로 보고 생각하고 행동한다. 그런 사람들은 남들이 잘했다고 칭찬하고, 따르고, 협조할 것 같은데, 실제의 경우는 그 반대로 나가서 하고자 하는 일은 실패하고, 자신은 외톨이가 되어버린다. 그리고 이처럼 부정적인 사람이 출세하거나, 돈을 잘 벌거나, 실력으로 인정받는 경우를 거의 찾아보기 힘들다는 점도 유의

해야 할 것이다. 또한 이런 사람들은 매사를 부정적으로 보니까 자신이 먼저 피곤하고 힘들게 된다. 나아가 자기뿐만 아니라 주위 사람이나 남들까지 피곤하고 힘들게 만든다는데 문제가 있다. ④는 '역지사지' 즉 입장을 바꾸어 생각하는 자세를 가져야 한다는 점이다. 요즘 우리나라 사람들 중에는 자기주장만 옳다 하고, 자기 생각만 맞다 하고, 자기 이익만 챙기려는 인간들이 너무 많다. 이런 인간들이 많기 때문에 세상은 각박해지고 살기 힘들게 되었다. 제발 상대방의 입장을 이해해 주고, 상대방의 의견을 존중하고, 상대방을 배려해주는 아량과 시혜심이 있었으면 좋겠다. 그렇게 되면 저도 잘 살고, 남도 잘 살게 되어 공존, 공생, 공영할 수 있을 것이라 확신한다. 이제까지 우리들이 어떻게 생각하고 어떻게 행동하면 행복을 손에 잡으면서 잘 살 수 있을까 하는 점에 대하여, 여러 가지로 논의해 보았는데, 이런 점은 하루아침에 이루어지는 것이 아니니, 두고두고 음미하고 되새기면서 실천궁행해야 된다는 것을 다시 한 번 강조한다.

제3부

김락(金樂)인가 전락(全樂)인가

지금 나는 원동은의 "바다가 기침을 하는지 어쩌는지"하는 서정시집을 읽고 있다. 이 책은 비교적 교정이 잘되어 오자·탈자가 많지 않지만 그래도 어쩌다가 오자가 눈에 띄는 것은 어쩔 수 없는 노릇 아닌가. 필자도 책을 몇 권 내 보았지만 그 교정을 꼼꼼히 보았는데도 책이 나온 다음에 다시 읽어보면 오자 탈자를 발견하게 된다. 이처럼 교정을 잘못 보아서 틀리는 경우도 있겠지만, 옛날 어른들은 전해오는 문헌이나 자료들을 잘못 판독해서 틀리게 되는 경우가 종종 있었다고 본다.

그러면 화제를 며칠 전 이야기로 돌려 보자. 필자는 1998년 8월 15일부터 16일까지 황산 고두동 선생의 4주기를 맞아 황산 선생의 유적지를 순방하는 행사에 참여하였다. 그때 부산에서 일박하였는데, 로얄 호텔에서 자게 되었고, 광주교육대학의 전원범 교수와 한방을 쓰게 되었다. 여러 가지 이야기를 나누다가 화제가 조상의 이야기로 옮겨 왔고, 나는 직계 조상에 생육신(生六臣) 관란(觀瀾) 원호(元昊) 선생이 계시고, 그 분은 한평생 단종을 위하여 충절을 바치다가 돌아가셨다고 하였다. 원호(元昊) 선생이 지은 글에 <원생 몽유록(元生 夢遊錄)>

이 있는데, 이것이 국어국문학 사전이나 정신문화연구원에서 나온 대백과사전이나 국문학저서들에 모두 임제가 지은 것으로 되어 있는데 틀린 것이고, 원호가 지었다고 해야 맞는다고 하였다. 그 이유는 본문 중에 "子虛之友 梅月居士 聞而痛之曰"이란 구절이 있는데, 여기서 자허(子虛)는 원호(元昊) 선생의 자(字)라는 것은 족보를 들쳐보아도 확인되는 사실이다. 그런데 문제는 매월거사(梅月居士)에서 그 '매(梅)'자가 어떤 기록에는 '해(海)'자로 되어 있어, 그것을 선조 때 사람 해월(海月) 황여일(黃如一)로 보고 있다는 점이다.

한마디로 원생몽유록의 작자를 임제라고 주장하는 이들은 그것을 해월거사(海月居士)로 보고, 원호라고 주장하는 이들은 매월거사(梅月居士)로 보고 있어, 글자 하나를 가지고 싸우는 꼴이 되었다. 하여간에 원호(元昊)와 황여일(黃如一)은 150년 이상의 시간차가 있으니, "子虛之友海月居士"라는 문구는 성립되지 않는다. 그것은 옛날 선인들이 자료를 베껴 쓸 때에 초서로 흘려 써서 '梅'자와 '海'자가 넘나들었을 뿐이다. 따라서 원생몽유록을 임제가 지었다고 하는 것은 성립될 수 없고 억지 주장에 불과하다는 것을 설명하였다.

이 이야기를 듣고 있던 전교수 또한 자기의 조상 이야기를 꺼내었다. 전락(全樂)이란 분이 계신데, 자기 가문에서는 그 분을 중시조로 모시고, 고려 개국공신의 한 사람이라 알고 있다는 이야기다. 그런데 문제는 천안전씨(天安全氏) 문중에서는 모두 그 분을 전락(全樂)이라고 알고 있는데, 역사학계나 국문학계에서는 모두 김락(金樂)이라 알고 있다는 점이다. 그래서 필자는 한국정신문화연구원에서 나온 대백과사전과 고려사를 들쳐 보았다.

(1) 金樂? - 927(태조 10), 고려의 개국공신. 918년(태조1) 고려가 건국되

자 이등공신이 되었다. 927년 元甫在忠과 더불어 大良成(지금의 陜川)
을 공격하여 무너뜨리고 후백제의 장군 추허조 등 30여인을 사로잡았
다.
　같은 해에 견훤의 군사가 신라를 쳐서 경애왕을 자살하게 하였다는
소식을 들은 태조가 군사를 이끌고 견훤의 군사와 公山(지금의 대구)
에서 크게 싸울 때 대장 申崇謙과 함께 위급해진 태조를 구하고 전사
하였다. 태조는 智妙寺를 세워 그의 명복을 빌었으며, 아우 鐵을 元尹
으로 삼았다. 1120년 예종은 그와 신숭겸을 추도하여 향가 <悼二將
歌>를 지었다. 시호는 壯節이다. (高麗史, 高麗史節要)
(2)　高麗太祖邀甄萱於大邱公山梧胴藪　大戰不利　萱兵圍太祖急, 時公(申崇
　　謙) 爲大將而容貌酷似太祖　知基勢窮期以身代死　乃請太祖隱於礙藪　遂乘
　　御車出與元甫金樂　力戰死之(中略)　太祖常設八關會　與君臣交歡　慨念戰
　　死功臣　賜不在列. (高麗史)

　(1)은 백과사전의 내용이고 (2)는 고려사의 내용이다. 백과사전의 내용
도 도로 고려사를 참고해서 만든 것이니, 두 글의 출처는 같다고 하겠
다. 그런데 천안전씨(天安全氏) 족보를 보면 고려 초 인물로 전락이 나
오고 , 그 인물에 대한 사적이 위에 인용한 '고려사'의 내용과 일치한다
는 것이다. 그렇다면 똑같은 사실에 대하여 그 해당인물을 고려사에서
는 김락(金樂)이라 했고, 천안전씨 족보에서는 전락(全樂)이라 했으니, 둘
다 맞을 수는 없고, 이 중에서 한 가지는 틀렸다는 결론이 나온다.
　이것을 객관적으로 검증해 보았을 때 고려사는 세종 때 만들어진
책이고, 천안전씨 족보는 숙종 때 만들어진 책이니, 아무래도 전자가
신빙성 있는 것 같다. 또 고려사는 국가에서 만든 정사이고, 족보는
전씨 가문에서 만든 사적인 기록이니 전자를 더 믿는 것은 인지상정
이라고 하겠다.
　전원범 교수 이야기는 고려사에 아무리 김락(金樂)이라 적어 놓았지

만, 이것은 김락(金樂)이 아니고, 자기의 조상 전락이 틀림없으니, 이것을 바로 잡아야겠다는 것이고, 자기 조상의 명예를 회복해야 되겠다는 것이 핵심사항이라고 하겠다. 그러나 고려사에 김락이라 적혀있고, 세상 사람들이 모두 김락이라 알고 있는데, 이것을 무슨 방법으로 바로 잡는단 말인가? 그래서 전교수는 그 김락이 순천김씨라고 하기에 순천김씨 족보를 떠들어보니, 고려 초에 그런 인물이 없었다는 것이고, 순천김씨 종친회에서도 그런 인물에 대하여 전혀 모른다고 대답하더라는 이야기다. 그렇다면 김락이란 고려사에만 나오는 인명이고, 어느 가문의 조상도 아닌 유령인물일 가능성이 높다. 또 천안전씨 종친들한테 이야기했더니, 그 당연한 것을 가지고 왜 김락이니 전락이니 떠들어 긁어 부스럼을 만드느냐고 야단치더라는 이야기다. 하여간에 고려사의 기록은 백퍼센트 맞고, 천안전씨 족보는 백퍼센트 틀렸다고 장담할 수는 없지 않는가. 필자의 어리석은 생각으로는 도리어 고려사의 기록이 틀리고, 천안전씨 족보의 기록이 맞고 정당하다고 본다. 똑같은 자료가 전사되어 내려오다가, 세종 때 고려사를 편찬한 이들이 <全>을 <金>이라 잘못 판독해서 적었을 수도 있기 때문이다.

또 전락을 김락이라고 적어놓고, 그것을 바로 잡지 못하고 그냥 넘겼을 가능성도 있지 않겠는가. 이<全>자와 <金>자는 전사과정에 얼마든지 넘나들 수 있다는 것을 감안해야 할 것이다. 그런 점에서 이에 대한 진실이 하루 빨리 밝혀지기를 바라는 마음 간절하고, 오자와 탈자가 생겨날 수 있다는 것은 그 옛날 고려사를 편찬하던 시절이나 최첨단 과학시대라고 자랑하는 현금이나 마찬가지란 사실을 인정해야겠다. 전원범 교수의 역사바로잡기 노력을 기대하면서 원생몽유록의 작자 되찾기 문제도 빨리 해결되기를 바라는 마음에서 이 글을 썼음을 밝혀둔다.

황산 고두동 선생

　황산(皇山) 고두동(高斗東) 선생은 1903년 9월 경남 충무에서 아버지 고덕조(高德祚), 어머니 조경조(曺敬祚) 사이의 장남으로 출생했다. 그가 유년 시절에는 한문을 수학하여 13세 때는 한시를 지을 수 있었고, 그때마다 보는 이들의 칭송을 받았다고 알려졌다. 그러나 공식적인 수학 과정은 통영공립보통학교, 경성부기전수학원 등을 다닌 것이 전부라고 생각된다. 김동리는 황산이 독학으로 많은 업적을 남겼다고 이야기한 바 있는데, 그가 시조문학에 뜻을 두기로는 육당(六堂), 춘원(春園) 등 여러 선배들의 시작 발표를 보고, 우리 민족의 울분과 절규를 시로써 표현할 수밖에 없다는 생각이 들고서부터였다.

　그의 시작 활동은 1924년 동아일보에 시조시 <월야(月夜)>와 <추천>이 춘원의 심사를 거쳐 발표된 이후가 된다. 그 후 향리에서 유치진(柳致眞), 박명국(朴明國) 등과 지방문예지 <토성(土聲)>을 발간하는가 하면, 탁상수(卓相銖), 이찬근(李瓚根) 등과는 시조문예지 <참새>를 간행하여 시조문학에 대한 남다른 애정을 보여주기도 했다. 그 후 거처를 부산으로 이주한 이래 신경질환으로 작품 활동을 일시 중단했었고, 1936년부터는 다시 시조 창작에 전념할 수 있었으며, 동시에 가람 이병기와도 문학적인 교류를 시작했었다. 이후 1947년까지 부산일보, 국제신보 등에 주로 작품을 발표했고, 1953년에는 순수문예지 「시조연구(時調研究)」를 창간하여 창작과 함께 이론 면에서도 깊은 관심을 나타낸 바 있다.

그리고 시론과 시평에도 관심을 두게 되어, 1960년대 초반까지 매년 한두 편의 평론을 각 일간지 및 문예지 등에 발표한 것으로 알려졌다. 이어서 1962년에는 리태극 등과 더불어 한국시조시인협회 창설에 참여했고, 1963년에는 「황산시조집」을 간행하여 그 때까지의 업적들을 중간 결산해 놓았다.

또 1973년 한국고대사연구회(韓國古代史硏究會) 부산지부장(釜山支部長)이 되고부터는 일제 식민사관에 의하여 잘못 기술된 역사를 바로 잡는 작업에 여념이 없었다. 그래서 1973년 한국일보에 <임나(任那)는 대마도(對馬島)였다>라는 논문을 발표한 이래 1983년까지는 20편의 논문을 주로 <자유(自由)>지에 발표하였다.

이제까지 황산 고두동 선생의 생애를 개괄해 보았거니와, 우리들은 그 황산 선생의 4주기를 맞아 그의 유적지를 관람하고 묘소를 참배하고자 부산에 내려갔다. 약속된 시간 부산역 2층 그릴로 가보니, 서울에서는 김준 교수, 박옥금 여사 등 많은 사람이 내려와 있었고, 광주에서는 전교수 내외가 와 있었고, 부산 지역의 낯익은 문인들이 미리 와 있었다. 오후 4시경, 몇 대의 승용차에 나누어 탄 일행들은 우선 먼저 황산 선생의 묘소로 향하였다.

묘소는 양산군 석계면 오룡산 공원묘지에 있다고 한다. 우리들이 탄 차는 10여인승의 봉고차인데, 부산의 이필우 시인이 운전하고 있었다. 부산역 광장을 출발한 차는 처음에 부산 시가지를 거쳐 갔고, 다음에는 경부고속도로를 올라탔고, 그 다음에는 양산 인터체인지를 빠져나갔다. 그 시간 장마 비가 오락가락하면서 도로 주변의 산야를 뒤덮었다 사라졌다하여, 여름 날씨의 변덕스러움을 그대로 보여주었다. 묘소까지 가는 데는 산야를 지나고 다리를 건너고 농촌 마을을 지나고 양계장이나 축사들이 있는 곳을 지나야 했다. 이런 곳을 지날 때마다 그 특유의 냄새를 맡을 수 있었고, 특히 산야를 지날 때는 여러 가지 식물이나 곡물들의 싱그러운 냄새가 짙게 풍겨 공해에 찌든 심신을 맑게 해주었다.

오룡산 공원묘지에 도착한 것은 오후 5시경, 묘지 주위를 둘러보니 그 규모가 어찌나 크던지 몇 백만 평 규모의 산이 모두 무덤들로 장식되어 있는 것 같았다. 그 높은 산들을 깎아서 계단식으로 만들고 거기에 석축을 쌓고, 또 봉분과 비석들을 만들어 놓아 여기가 북망산천임을 실감케 하였다. 어떤 곳은 급경사 졌고, 어떤 곳은 밋밋한 언덕 같았고, 어떤 곳은 평지 같았다. 한결같이 똑같은 규모의 봉분들, 똑같은 크기의 비석과 상석들, 나타내고 있는 표정마저 같아서 죽은 자의 세계에는 빈부귀천의 차별이 없는 것 같았다. 그리고 급경사진 곳은 너무나 가파른데다가 계단마저 석축을 쌓아 살벌한 느낌을 갖게 했다. 저 묘지 중에는 실제로 산을 깎아서 만든 곳도 있고, 골짜기를 메워서 만든 곳도 있다고 하는데, 우리 일반인들은 그것을 구분해낼 재간이 없지 않는가. 이번 장마 기간에 경기도 지방에서는 폭우로 인해 몇 천기의 분묘가 유실되어 유족들을 분노케 하고 좌절케 하는 사건이 일어났는데, 그처럼 유실된 곳은 대부분이 물 흐르는 골짜기를 그대로 메워서 만든 것이라 생각되었다.

다행히 황산 선생의 묘소는 관리사무실 뒤편의 평지에 자리 잡고 있었다. 묘소 앞에는 자그마한 상석이 놓여 있었고, 그 앞에는 "시조시인(時調詩人) 제주(濟州) 고공(高公) 두동지묘(斗東之墓)"라는 비가

세워져 있었다. 그리고 비의 뒷면에는 자녀란에 최종섭 시인의 이름
이 새겨져 있었고, 자부란에는 오승희 시인의 이름도 새겨져 있었다.
상석 위에는 주최 측에서 여러 가지 제물들을 진설하였다. 맨 처음에
잔을 올린 분은 동아대 명예교수 구연식 박사였다. 그분은 이미 부산
문인협회 회장을 역임한 바 있고, 생전에 고두동 선생과 친분이 두터
웠고, 동아대에서는 석박사 과정 제자들을 많이 배출하였다고 한다.
그 다음 참석자들도 차례대로 잔을 올리고 배례했는데, 제사가 끝나
갈 무렵에 서울에서 구름재 박병순 선생이 뒤늦게 도착하였다. 그 분
은 잔을 올린 다음, 마치 산사람을 앞에 놓고 대화하듯이 여러 가지
말씀을 전해 올렸다. 그리고 황산의 시조 작품 몇 편을 가져와서 낭
송해 드렸다. 정말로 구름재 선생의 올곧은 선비다운 모습을 보여주
는 광경이라고 생각되었다.

그 다음은 부산으로 되돌아와서 범어사 문예거리에 있는 황산시조
비를 관람하였다. 아담하게 세워진 시조비, 윗부분은 지리산에서 운반
해왔다는 자연석에 황산의 단시조 한수가 새겨져 있었고, 아랫부분은
사각형의 오석으로 된 받침석인데, 오승희씨의 간략한 비문이 새겨져
있었다. 그리고 그 문예거리에는 다른 문인들의 시비도 많이 볼 수
있어서 보는 이들의 마음을 흐뭇하게 했다.

저녁식사 후에는 숙소인 로얄호텔로 돌아와서 방을 배정 받았다.
나는 전원범 교수와 한방을 쓰게 되었는데, 그와는 같은 시조시인이
요 구면인지라 여러 가지 이야기를 나누었다. 그런데 옆방에 숙소를
정한 최철훈 시인과 이필우 시인이 찾아와서 바깥바람을 쐬러 가잔
다. "이왕 부산에 왔으니 자갈치 시장도 구경하고 고래 고기도 먹어
봐야 제격이다."라고 권유받았다. 그러잖아도 천리 길 부산에 와서 텔
레비전이나 보다가 일찌감치 잠드는 것보다야 밤바다를 구경하는 일

이 얼마나 좋은가. 더구나 최시인이 사모님들도 함께 나가는 것이 좋 겠다고 하니, 우리들은 쾌히 승낙하고 부산의 밤바람을 쏘이기로 하 였다. 바닷가에 나갔을 때 진동해 오는 어시장의 특유한 냄새, 무어라 고 형용할 수는 없지만 찐득찐득한 바닷바람과 함께 코를 찔렀다. 최 시인은 무어라고 계속해서 부산에 대한 설명을 해주었는데, 지금 기 억에 남는 것은 거의 없으니 안타까울 뿐이다.

우리들이 들어간 횟집은 그런대로 시설물이 깨끗해 보이고 바다와 인접해 있어 나그네 회포를 달래기에는 좋은 곳이라 생각되었다. 여 러 가지 밑반찬이 들어오고, 생선회가 들어오고, 그 유명한 고래 고기 가 들어왔다. 글쎄 난생 처음 먹어보는 고래 고기… 이 고기를 먹으 면 대양을 누비고 돌아다니는 고래처럼 힘이 펄펄 솟아오를 수 있을 런지…. 그 고기가 맛있고 없고를 떠나서 고래 고기를 먹어보았다는 데에 큰 의미를 부여하고 싶었다. 하여간에 술잔이 오고 가고 남자들 의 웃음소리가 교차되고 숱한 대화들이 귓가를 맴돌았다. 술에 취하 고 우정에 취하고 문학 이야기에 취해서 밤이 깊어 가는 줄을 몰랐던 것이다. 그리고는 다시 나와서 시장 통을 지나 영도다리 난간 위로 올라갔다. 그 영도다리는 옛날에 배가 지나다닐 수 있도록 다리 상판 을 들어 올렸다고 하는데 지금은 완전히 고정시켜 그 낭만적인 모습 을 볼 수 없다고 한다. 그리고 다리 위 군데군데 젊은 남녀 아베크족 들이 나와 밀어를 속삭이고 있었다. 그들은 그들 옆으로 사람들이 지 나가는 것도 밤 시간이 자정을 넘어 깊어가는 것도 아랑곳하지 않았 다. 여기서도 최시인의 부산에 대한 설명은 끊일 줄을 모르는데, 그의 줄기찬 정력과 박식함에 놀라지 않을 수 없었다. 더구나 지천명의 나 이에 동아대 대학원에서 석사과정을 이수하고 있다고 하니, 그의 불 타는 향학열에 누가 감탄하지 않겠는가?

그 이튿날은 대신공원에 세워진 또 하나의 황산시조비를 먼저 관람하였다. 하늘을 가릴 듯이 울창한 소나무 숲이 오히려 이색적이라 생각되었다. 콘크리트 건물들과 자동차의 홍수와 인간들이 내놓는 공해만이 존재하는 도심 속에 이처럼 쭉쭉 뻗은 소나무들이 들어차 있다는 것이 믿기지 않을 정도였다. 입장료를 내고 한 5분쯤 걸어 올라가니, 왼쪽의 황산시조비가 우리들의 눈길을 끌었다. 많은 사람들이 둘러서서 읽고 있기에 나도 따라서 읽어 보았다. 단수로 된 시조는 너무 직설적인 표현을 쓴 것 같았고, 사물을 관찰한 다음에 오는 감격을 그대로 옮겨 놓은 것 같았다. 그곳에서 한 5분쯤 올라가니 휴게소가 있었고, 그 휴게소에서는 부산의 원로 구연식 교수가 모든 분들에게 음료수를 샀다.

그 다음 우리들이 찾아간 곳은 오륙도, 이곳은 노산 이은상의 시조에도 나오고 조용필의 노래 속에도 나와서 환상적인 섬처럼 생각되는 곳이다. 이필우 선생의 설명에 의하면 이곳은 행정구역상으로 부산광역시 남구 용호동에 속한다고 한다. 부산만의 입구에 위치한 5개의 섬으로 면적은 0.019㎢이라는 것이다. 부산만으로 향하여 차례로 우삭도, 수리섬, 송곳섬, 굴섬, 등대섬으로 불리는 5개의 섬으로 구성되어 있다. 이 중에서 육지 쪽에 가장 가까운 우삭도는 넓이 $1m^2$정도의 해식동(海蝕洞)에 의하여 밀물 때 솔섬과 방패섬이라는 2개의 섬으로 분리되다가 썰물 때는 하나의 섬이 된다. 오륙도는 이러한 현상으로 붙여진 이름인데, 부산광역시 기념물 제22호로 지정되었다. 부산의 상징이자 명승지로 공휴일에는 수많은 낚시꾼과 관광객들이 찾아든다고 한다. 우리들이 선착장에 도착했을 때도 여기저기서 낚시질하는 사람들의 모습을 볼 수 있었고, 해녀들이 물 속을 잠수하면서 해산물 채취하는 모습을 볼 수 있었다. 그러나 파도가 심해서 배를 띄울 수 없다고 한다. 모처럼 배를 타고서 오륙도를 한바퀴 돌아보려고 했는데, 육지에서 바라다보는 것으로 만족해야 했다. 그러나 그곳에서 파는 삶은 홍합을 한 바가지 사다놓고 둘러앉아서 먹던 정경은 영원히 잊지 못할 것이다. 그리고 이 행사에 참여한 여러 문우들과 사모님들의 즐거워했던 모습도 길이 간직할 것이다. 그리고 그리운 사람을 지척에 두고 만나지 못하는 연인관계처럼 맨 앞에 우뚝 솟은 바위섬이나 바라보다가 돌아온 것을 아쉽게 생각했다.

원천석(元天錫)의 회고가

　운곡 원천석은 1330년 고려 충렬왕 17년 7월 8일에 출생하고, 90세의 생을 누렸는데 별세한 날짜는 분명하지 않다. 고려 왕조가 1392년(공양왕 4년)에 폐조되었으니, 운곡은 60여 생애는 여조(麗朝)에서 지냈고, 나머지 30여년은 조선왕조(朝鮮王朝)에서 지낸 셈이 된다. 그 당시는 왕조의 교체기라 처신하기가 특히 어려웠는데, 이 혼란기에 우리가 알고 있는 삼은(三隱) 이상으로 결백하고 지조 있게 사신 분이 운곡 원천석이라고 하겠다. 그리고 운곡은 고금에 비견할 인물이 없을 정도로 지덕행(智德行)이 삼위일체 되어 완전무결하였다고 전한다. 그는 어려서부터 수재라고 알려졌는데, 자신의 재지(才智)와 학문을 감추고 몸소 산전(山田)을 개간하여 농사를 지으면서 어버이를 봉양하였다. 그래서 자신의 호를 운곡(耘谷)이라 하였는데, 그 의미는 "나는 높은 벼슬을 하여 부귀공명을 누리는 것은 그만두고 치악산 골짜기에 들어가 밭 갈고 김매면서 농사나 짓겠다."는 뜻이 담겨져 있다. 하여간에 운곡은 재학(才學)이 뛰어났지마는 고려조에서는 일개 진사(進士)에 불과했으니 포의한사(布衣寒士)와 다름이 없다.

　잠시 그의 가계를 살펴보면 조부는 정용별장(精勇別將)을 지냈는데,

정용이란 주현군부대(州縣軍部隊)의 별칭이고, 별장(別將)이란 그 부대 장이었다. 따라서 조부 때까지는 그 활동 영역이 원주지방을 벗어나지 못한 것으로 추정된다. 그의 부친 윤적(允迪)에 이르러서야 비로소 미관말직인 종부시령(宗簿寺令)으로서 중앙관직에 진출하였음을 알게 된다. 고려시대의 향리층은 그 신분의 세습, 과거에의 응시 등을 통하여 그 자체로 하나의 지배층을 형성하고 있었다. 원천석의 가문도 이러한 향리층으로 중앙정계에 진출하였는데, 이들을 신진사류(新進士類)라 불렀다.

그가 언제부터 출사(出仕)를 단념했는지 확실치 않으나, 이미 20대 초반부터 세속명리에 초연하려는 뜻을 밝힌 시편들이 여러 편 있었다. 그는 1360년 31세 때 국자감시(國子監試)에 합격, 진사가 되었으나, 본 시격인 예부시(禮部試)에는 응시하지를 않았다. 그는 당시 군적에 올라 있었기에 어쩔 수 없이 국자감시(國子監試)에 응시한 것이었고, 이에 합격한 것으로도 소기의 목적을 달성했으므로, 관료가 되기 위한 예부시(禮部試)에는 응시할 필요가 없었던 것이다. (崔光範의 「耘谷 元天錫 硏究」 참조)

이처럼 고려왕조에 큰 혜택을 받은 인물도 아닌데, '충신불사이군' 이라는 유교적 이념에 투철한 운곡은 조선조를 맞이해서도 새 왕조에 벼슬하기를 거부하였다. 더구나 사제관계였던 태종이 왕위에 오른 다음, 여러 차례 운곡 선생을 불러 벼슬을 주려 했으나 끝까지 응하지 않았다. 뿐만 아니라 옛 왕조를 그리워하여 다음과 같이 <회고가>를 지었던 것이다.

興亡이 有數ᄒ니 滿月臺도 秋草로다
五百年 王業이 牧笛에 붓쳐시니

원천석의 시조 작품 한 수를 인용하였다. 앞에서 이야기한 것처럼 원천석은 고려조에 60여년, 조선조에 30여년의 생애를 살았다. 고려는 개성에 도읍지를 정하고, 그대로 500여 년을 내려왔지만, 조선 왕조는 개성에서 한양으로 천도했던 것은 잘 알려진 사실이다. 이성계는 1392년 개경 수창궁(壽昌宮)에서 조선의 태조로 즉위하였고, 그는 민심을 일신하고자 천도를 단행하기 위하여 이듬해 계룡산을 수도로 정하려는 논의를 하였다.

그러나 계룡산은 협소하고 교통이 불편하다는 하륜의 반대로 천도는 계획에 그치고, 정도전과 무학대사를 보내 한양의 형세를 살피게 하였다. 1394년(태조 3년) 한양으로 천도하였으나, 왕자의 난으로 제2대 정종 때는 다시 개경으로 환도하였다. 그러다가 제3대 태종에 의하여 다시 한양으로 천도를 단행하게 되어 조선조 500년의 도읍지가 되었다. 그러니까 상기 작품은 태종이 등극한 이후 몇 년 있다가, 운곡이 고려의 옛 도읍지 개경을 찾아갔을 때 폐허가 된 왕궁터를 둘러보고 그 소회를 노래한 것이다. 초장에서는 '興亡이 有數ᄒ니 滿月臺도 秋草로다.'라고 하였다. 흥하고 망하는 것은 운수가 있다는 것이고, 그 운수에 따라 고려왕조는 망했다는 것이고, 그래서 그 왕궁터였던 만월대가 폐허가 되어 가을 풀만 우거져 있다는 것이다. 중장에서는 '五百年 王業이 牧笛에 부쳐시니'라고 했는데, 오백년 왕업이란 고려왕조 500년의 역사를 가리키는 것이고, 목적(牧笛)에 부쳤다고 하는 것은 목동의 피리 소리만 들린다는 이야기인데, 얼마나 황폐화되고 버려졌으면, 목동들의 피리소리만 들린다고 했겠는가. 그 화려하고 위세가 당당했던 왕궁터에 목동들의 피리소리만 들린다고 한 것은 인간

만사가 모두 허무하다는 것을 암시적으로 나타내준 것이라고 하겠다. 그래서 종장에서는 석양에 지나는 객이 눈물겨워 한다고 노래하였다. 여기서 석양에 지나는 객은 원천석 자신을 가리키는 것이고, 눈물겨워한다는 것은 고려왕조가 망한 것을 슬퍼하고 가슴 아프게 생각한다는 뜻이다. 그리고 이 작품은 길재의 다음과 같은 시조 "五百年 도읍지를 필마로 도라드니/ 山川은 依舊ᄒ되 人傑은 간듸업닉/ 어즈버 太平烟月이 쑴이런가 ᄒ노라"라는 노래와 그 시상이 유사하다는 점에서 당시 고려 유신들의 절의와 안타까운 심정을 엿보게 한다.

한마디로 운곡 원천석은 중국 고대 은나라 사람으로서 충신이요, 효성이 지극했던 백이(伯夷)와 숙제(叔齊)에 비견할 만한 절의의 인물이요, 기품이 고상한 선비였다는 점을 첨언하면서 운곡에 대한 정당한 평가가 이루어지기를 기대해 본다.

문사장의 당뇨병

　세상에서 가장 행복한 사람은 무병장수하는 사람일 것이다. 누구나 몸과 마음에 병이 없기를 원하고 오래 살기를 소망한다. 그런데 문제는 병이 찾아올 때에 아무런 예고 없이 찾아온다는 점이다. 미리 경고를 한다거나 쳐들어 갈 테니 조심하라고 예고해 준다면 얼마나 좋겠는가. 그래서 많은 사람들이 건강할 때 미리 운동을 하거나 보약을 먹고 건강을 지키라 조언을 해주지만, 큰 병에 걸려 보지 않은 사람들은 이 말을 실감 있게 받아들이는 것 같지 않다. 또 운동을 한다고 무조건 건강해지는 것도 아니다. 보약을 먹는다고 해서 반드시 좋은 면만 있는 것도 아니다.

　한 10여 년 전의 일이다. 가까운 인척집의 어른이 입원했다고 해서 영동 세브란스 병원으로 문병을 간 적이 있다. 그 분의 연세로 보면 아직도 한참은 더 살아야 할 텐데, 배가 퉁퉁 부어올라 큰 병에 걸렸음을 직감할 수 있었다. 연유를 물었더니 그 분께서는 보약을 먹었는데 몸이 좋아지기에 연속해서 5첩을 먹었다. 그랬더니 약이 독이 되어 간이 붓고 배가 퉁퉁 부어올랐다고 대답하는 것이다.

　나는 아차산 약수터에 가서 매일 아침 윗몸일으키기 운동을 30번

한다. 그저 여러 번 하고 더 많이 하면 무조건 좋은 줄 알고 한 번은 35번을 했다. 안간힘을 다해서 억지로 윗몸을 들어 올렸더니 목에서 삐끗하는 소리와 함께 감전되었을 때처럼 찌르르 하지 않는가. 안 되는 것을 억지로 하니 목 부분에 무리가 갈 수밖에 없었던 것이다. 그 이후 목이 거북해졌거니와 전후로 움직일 수도 없고 좌우로 돌릴 수도 없는 상태에 이르렀다. 할 수 없이 파스를 붙여 보았지만, 조금은 나아진 것 같은데 거북한 증세가 완전히 없어지지 않는다. 나는 약국에 가서 근육 이완제 3일 분을 지어 먹고서야 겨우 원상회복을 할 수 있었다.

아침마다 아차산을 찾는 사람들은 대개 큰 병에 걸렸다가 고쳤거나 아직도 그 병마와 싸우고 있는 사람들이 대부분이다. 그래서 그들과 대화하다 보면 질병에 대한 여러 가지 정보를 얻게 된다. 전문 의사한테 듣는다면 좋겠지만 그런 기회는 좀처럼 없고, 이곳에 모인 사람들에게 투병기를 듣는 것이 정보의 전부이다.

당뇨병을 앓고 있는 문사장과 만난 것은 작년 겨울 장수샘까지 다니면서부터이다. 나는 그 때 장수샘까지 올라가서 허리 돌리기 운동 300번을 했고, 팔 운동, 몸통 운동, 양 손바닥으로 큰 소나무 때리기 운동을 주로 했었다. 문사장도 늘 같은 시간에 올라와서 운동을 하기에 통성명 하였다. 그는 매일 새벽 4시 경에 산에 올라와서는 허리 돌리기 운동 500번을 하고는 팔 운동, 맨손체조, 다리를 약간 벌리고 온몸 흔들기 운동을 한다. 그 온몸 흔들기 운동을 할 때는 돌아다니지 않는다 뿐이지 마치 트위스트 춤을 추는 것 같았고, 어떻게 보면 신들린 사람 같았다. 그가 당뇨병을 앓고 있다는 것도 그때부터 알게 된 사실이다. 문사장의 나이는 60세, 직업은 건축업. 그 중에서도 중장비 대여 업체를 운영한다. 사업을 하다 보면 어쩔 수 없이 술을 많이 먹게 된다고 하였다. 허리 돌리기 운동을 하려면 500번을 해야 하고 링에 매달려 어깨와 팔운동을 하라고 권유한 것도 문사장이다.

그는 평생 고치지 못하고 애먹이는 병이 당뇨병이라 하였다. 다시 말해서 당뇨는 난치병이나 고질병이라 할 수 있는 것이다. 불면증과 이명증으로 고생했던 나는 그의 당뇨병이 얼마나 그를 괴롭히고 스트레스를 주는가를 미루어 짐작했다. 혈당치가 얼마래야 정상인지 모르지만, 그의 혈당치는 보통 220이고 조금만 신경 쓰고 피로해지면 230-250까지 올라간다고 하였다. 자신이 아무리 운동을 하고 식이요법을 써도 혈당치를 200 이하로 내리지 못한다고 하였다. 나는 "혈당치를 재는 기계가 있습니까?"라고 물었더니, 그는 조금 비싸지만 집에다 기계를 사놓고 혈당치를 잰다고 하였다. 그러나 아무리 기계를 사놓았어도 매일 정기적으로 재게 되지 않는다는 것이 그의 설명이다. 하기야 나도 체중을 재는 저울을 집에다 사놓고도 일년에 한두 번 몸무게를 재는 형편이니 그의 이야기가 충분히 이해되었다.

치료 방법으로는 인슐린 주사를 몇 년간 맞았는데, 이제는 조금 나아져서 약을 복용한다고 하였다. 인슐린을 맞는다는 자체도 괴롭지만, 이것을 맞았을 때 잘못되면 혈당치가 기준 이하로 떨어져서 고생하는 경우가 생긴다는 것이다. 식이 요법으로는 보리밥을 즐겨 먹지만 쌀밥을 먹어도 별 상관은 없다는 것이 그의 설명이다. 다만 과식을 하지 말아야 한다는데, 당뇨 환자는 도리어 식욕이 왕성해진다고 하니 절제하기가 얼마나 힘든가를 미루어 짐작할 수 있겠다. 입안이 바싹바싹 마르고 저녁이면 아무런 이유 없이 지나치게 피로해지고 오줌을 자주 누게 된다고 하였다. 당뇨병은 유전적 관계도 있으나, 지라의 호르몬 분비 장해 때문에 생기며, 뇌하수체, 부신 등의 내분비선 장해와도 관계가 있다고 하니 오줌이 많고 잦다는 것은 능히 짐작되는 바다.

　그런데 오줌을 누고 나면 변기 안에 거품이 이는데, 마치 세탁할 때 비눗물을 풀어놓은 것 같은 상태가 연출된다는 것이다. 그래서 할 수 없이 매일 새벽 4시면 아차산에 올라와 운동하면서 당뇨를 다스리고 건강을 유지케 되었다는 것이다. 또한 마음을 다스리기 위해 산을 오를 때나 산에서 내려갈 때나 아무 노래나 흥얼거린다. 누가 보거나 말거나 듣거나 말거나 남을 전혀 의식하지 않는다. 당뇨는 일단 걸리면 완전히 퇴치하기 어려운 난치병이라고 한다. 그래도 문사장은 매일 아침 허구한 날 산행하고 운동하고 노래하면서 그 병을 다스리고 있다. 그것은 눈물겨운 자기 자신과의 싸움이다. 이 싸움을 지켜보면서 건강은 그냥 얻어지고 유지되는 것이 아니라는 것을 절실히 깨닫게 되었다.

설악산에서 만난 스님

사람은 이 세상을 살아가면서 이런저런 사람을 만나게 되어 있다. 그처럼 만나보고 싶어 하는 옛 친구나 애인은 만날 길이 없고, 어디서 생각지도 않던 사람이 갑자기 나타나 십년지기처럼 반갑게 얼굴을 맞대고 대화하게 되는 경우가 있다. 그 동안 나는 얼마나 많은 사람들을 만났으며, 얼마나 많은 사람들과 헤어졌으며, 얼마나 많은 사람들과 끈끈한 우정을 지속해 왔는가.

학교 때는 그처럼 다정했던 친구가 사회생활을 하면서 이제는 소식조차 모르는 사람이 되어 버렸고, 직장생활을 하면서도 형제처럼 지내던 동료가 직장이 바뀌고 나니 그저 이름 석자만 알고 지내는 옛 친구로 남게 되었다. 그러니 인간생활이란 다른 것이 아니고 수 없이 사람들을 만났다가 헤어지고 또 만났다가 헤어지는 만남과 헤어짐의 연속이라고 정의 할 수 있겠다.

그저 바람처럼 잠시 스쳐간 사람, 아름다운 추억을 되새기게 하는 젊었던 날의 어떤 연인, 나에게 도움을 주었던 사람들, 그리고 나에게 손해를 끼쳤던 사람들, 게다가 아픈 상처만 남겨주고 홀연히 떠나가 버린 사람들, 이들을 어떻게 일일이 기억해 낼 수 있으랴. 하여간에 나는 지난번에 설악산 대청봉을 오를 기회가 있었다. 평소에 등산을 자주했던 것도 아니고 다른 운동을 통해서 미리 체력 단련을 해 두었던 것도 아니고, 특별히 건강한 체력을 지녀서 산타기 행사에 자신이 있었던 것도 아니다. 그저 주어진 현실을 잠시나마 탈피해 보고 설악산 대청봉을 올라갔다 왔노라는 자부심이라도 가져보기 위해서 무리한 산행을 시작했던 것이다.

그러니 오르다가 힘들면 쉬어가고 쉬었다가 다시 힘이 생기면 정상을 향하여 올라가는 단조로운 작업을 반복할 수밖에 없었던 것이다. 산중턱쯤 올라갔을 때였을까. 이 때도 힘이 너무 들어 윤형과 함께 쉬면서 이런저런 이야기로 시간을 메우고 있었다. 그런데 아랫녘에서 산 도둑 같은 사람 두 명이 올라와서는 우리들 옆에 자리 잡는다. 그 중에 나이 먹은 친구의 말이 "대청봉을 오르려면 저쪽 코스로 가지 않고 왜 이리로 왔습니까?" 그에 대한 답 "그 길로 올라가면 빠르다는 것은 알지만 너무 급경사 져서 힘들 것 같아 이 길을 택했습니다." 이처럼 대화가 시작되고 서로 간의 명함이 오고가면서 인사를 나눈 다음부터는 그야말로 십년지기나 만난 것처럼 많은 이야기들을 주고받게 되었다. 나이 먹은 친구는 50세가 가까워 온다는 것이고, 젊은 친구는 27세가 된다고 했다. 나이 먹은 친구는 자신의 신분이 스님이라 밝혔고, 젊은 친구는 그 스님 밑에서 심부름하는 종자라고 했다. 그제서야 자세히 살펴보니 스님은 머리가 잘려 있었고, 종자는 머리가 지나치게 길어 이것을 뒤쪽으로 한데 묶어 놓았다. 스님의 복장은 사복이기는 하지만 승복에 가까웠고 종자의 복장은 일반 근무자들처럼 작업복을 걸치고 있었다.

내가 묻는 말이 "어떻게 해서 불가에 입문하셨습니까?" 스님의 답 "고등학교 시절부터 산을 좋아해서 방학 때면 전국 산천을 누볐습니다." "우리나라 산천 쳐놓고 제 발길이 닿지 않은 곳은 없습니다." "이처럼 산을 좋아해서 산행을 하다보니 저도 모르게 중이 되었습니다." 다시 묻기를 "그러면 모 대학 불교학과를 나오셨다는 말씀입니까?" 스님의 답 "사실은 제 전공이 불교학은 아닙니다. 젊은 시절 고시공부 하느라고 어느 산사에 있었는데, 그때 불교에 심취해서 입문하게 되었습니다." 묻는 말 "우리나라에는 현재 스님이 모두 몇 분이나 계신다고 생각하십니까?" 스님의 답 "글쎄 정확한 숫자는 잘 모르지만 아마 30만 명가량 된다고 생각합니다." 묻는 말 "불교에 입문하려면 맨 처음 절에 가서 불 때고 밥 짓고 산에 가서 땔나무도 해오고, 어떻든 고행부터 시작하는 것으로 압니다. 이것은 어린시절이나 젊은 시절 같으면 해낼 수 있는데, 나이가 4, 50세 가량 된 사람이 불교에 입문하려고 해도 이러한 과정을 거쳐야 합니까?" 스님의 답 "이처럼 나이가 많고 사회적 지위가 있었던 사람은 스승 되는 선사가 알아서 계를 내려 입문시킬 수 있기 때문에 그러한 과정을 생략할 수도 있습니다."

묻는 말 "스님이 되려면 강원에 가서 공부를 해야 되는데, 그 강원에서는 몇 년 동안 공부를 하고 수련을 쌓아야 합니까?" 스님의 답 "강원은 대체로 3년 과정을 공부하게 되어 있습니다. 그 과정이 너무나 힘들고 어려워서 끝까지 마치지 못하고 도중하차하여 귀가하는 사람들이 상당수 있습니다." 묻는 말 "유학을 공부하려면 어린시절 처음에는 천자문을 배우고 그 다음에는 동몽선습, 명심보감, 소학 등을 배우고 끝에 가서는 사서오경 등 전문 지식을 배우는 것으로 압니다. 불교에 대한 공부도 이처럼 쉬운 것부터 어려운 것으로 단계별 학습하는 과정이 있습니까?" 스님의 답 "여기서 일일이 설명드릴 수는 없지만 그 한문 공부하는 과정보다도 더 분명하게 단계별로 공부하도록 되어 있습니다.”

묻는 말 “스님에도 포교승, 학승, 도를 닦는 선승 등 여러 부류가 있는 것으로 압니다. 스님은 어떤 부류에 속하십니까?” 스님의 답 “저는 포교승입니다. 대구의 모포교원에 상주하고 있습니다. 동시에 「시주사」주지이기도 합니다.” “그리고 열심히 도를 닦는 선승보다도 그곳에서 불 때고 밥 짓고 심부름이나 하는 부목이 먼저 도를 깨우칠 수도 있습니다. 그러니까 학식이 많으면 도를 먼저 깨우치고 학식이 적으면 도를 나중 깨우치거나 못 깨우친다는 법은 없는 것입니다.” 묻는 말 “저는 독실한 불교 신자는 아니지만 불교에 대해서 많은 호감을 갖고 있습니다. 그래서 혼자서 불교에 대한 책을 읽고 그 진리를 깨우치려고 노력한 적도 있습니다. 어떻든 저는 글 쓰는 사람입니다. 글 쓰는 승려들을 많이 알고 있습니다. 그런 분들 중에 아시는 분이 계십니까?” 스님의 답 “그런 분들과 교류는 하고 있고 저도 글 쓰는 공부를 하고 있습니다마는 특별히 내세울 만한 인물은 없습니다.”

묻는 말 “요즘 석용산 스님이 베스트셀러를 내서 절찬리에 팔리고 있다는 이야기를 들었습니다. 저는 아직까지 그 책을 구해서 읽지는 못 했습니다마는 스님께서는 어떻게 생각하십니까?” 스님의 답 “저도 석용산 스님을 잘 알고 있고 그 책을 구해서 읽기는 했습니다마는 요란한 것에 비해서 책 내용은 별 것 없습니다. 그 책의 제목이 그럴 듯하니까 많은 사람들이 관심과 호기심을 가지고 있는 것 같습니다.”

묻는 말 “저는 중광스님을 뵌 적이 없습니다마는 그 분에 대한 명성이 대단하고 그 분을 찬양하는 시집도 나온 것으로 압니다. 그 중광스님에 대하여 한 말씀 해 주십시오” 스님의 답 “저는 그 분을 어린아이 같은 사람이라고 생각합니다. 천진난만하고 순수무구한 분입니다. 어쩌면 이 세상을 달관한 사람이라고 이야기 할 수도 있겠습니다." 묻는 말 "우리는 흔히 불보살이란 말을 많이 씁니다. 그 불보살에서 불과 보살의 차이를 말씀해 주십시오." 스님의 답 "부처님은 최고의 성인이시고 보살님은 그 보다 한 단계 낮은 성인이십니다. 그리고 성별로 보면 부처님은 남성이시고 보살님은 여성이십니다."

하여간에 이러한 대화들을 주고받느라고 그날의 일정이 한 시간 이상 늦어졌다. 앉아서 쉬어가면서만 문답한 것이 아니고, 그 가파르고 험난한 산길을 오르면서도 선문답 하느라고 힘든 줄을 몰랐었다. 이 밖에도 더 많은 이야기들을 주고받았지만 일일이 기록하지 못함을 안타깝게 생각한다. 사람을 만남에는 유익한 만남과 무익한 만남이 있다고 하는데, 그날 상묵 스님의 만남은 정말로 유익한 만남이었다. 앞으로는 또 어떤 사람들을 만나서 인연을 맺게 되고 그 인연이 다하면 헤어지게 되려는가. 만남과 헤어짐을 수 없이 반복하면서 살아가는 것이 인생이라고 생각한다.

제자 홍군의 결혼

안녕하십니까. 지금은 천고마비 계절이라고도 하고 오곡백과가 무르익는 결실의 계절, 수확의 계절이라고도 합니다. 이 좋은 계절에 오늘의 주인공 신랑 홍○○군과 신부 현○○양이 결혼하게 된 것을 우선 축하드리고, 이 경사스러운 자리에 제가 주례를 맡게 된 것을 대단히 기쁘게 생각합니다. 저는 결혼의 의미에 대해서 다음과 같이 생각합니다.

첫째 남녀가 만나서 결혼하는 것은 불완전한 인간이 하나의 완전한 인간으로 다시 태어나는 과정이라고 말씀드릴 수 있겠습니다. 솔직히 말해서 인간이 완전무결하기 때문에 혼자 살아도 늘 행복하고 혼자 살아도 아무런 불편을 느끼지 않고 남자가 할 일 여자가 할 일 혼자서 다해 낼 수 있다면 누가 구태여 결혼하겠습니까. 이것은 음과 양이 만나야 만물을 생성해 내듯이 남녀가 만나서 함께 살아야 완전한 삶을 살아갈 수 있기 때문에 결혼하는 것입니다.

둘째 남녀가 만나서 결혼하는 것은 평생 동안 함께 살고 동고동락할 자신의 짝을 찾는 일입니다. 이처럼 자신의 짝을 찾아 결혼하게 되면 검은 머리가 파뿌리 되도록 함께 살아야 합니다. 그래서 기쁜 일은 함께 기뻐하고 슬픈 일은 함께 슬퍼하게 됩니다. 너와 나를 구분하는 것이 아니라 한 사람 한 마음 한 몸의 부부 일심동체가 되는 것입니다. 이렇게 자신의 짝을 찾아 결혼하는 일을 우리 선인들은 천생연분이니 천정배필이니 하고 불렀습니다.

셋째 남녀가 만나서 결혼하는 것은 이제는 미성년이 아니라 성년 즉 어른이 된다는 것을 내외에 알리는 것입니다. 옛날에는 나이가 많다고 어른이 되는 것이 아니라 반드시 결혼을 해야 어른이라고 했습니다. 일단 어른이 되면 정신적으로나 물질적으로나 부모님에게 의존하지 않고 독립해야 됩니다.

다시 말해서 이제까지는 부모님에게 의지하고 도움을 받아서 살아왔지만 앞으로는 부모님에게서 완전 자립할 뿐만 아니라 도리어 부모님을 도와드리고 봉양하면서 살아야 합니다. 결혼은 이처럼 어른이 되고 홀로서기를 한다는 데에 그 의미가 있습니다.

지금가지 결혼의 의미에 대해서 제 나름대로 해석해 보고 되새겨 보았습니다마는 다음에는 오늘의 주인공 신랑 홍○○군과 신부 현○○양에 대하여 간략하게 소개해 드리겠습니다. 신랑 홍○○군은 훌륭한 가문에서 태어나 훌륭한 가정교육을 받으면서 성장했고, 한국교원대학교 국어교육과를 졸업한 영재입니다. 또 뜻한 바가 있어서 한국교원대 대학원에서 석사 과정을 밟고 있으며, 현재는 대전 시내에서 국어교사로 봉직하고 있습니다. 제가 홍군의 학부 시절부터 관찰해 왔습니다마는 홍군은 한마디로 근면성실하고 불의와는 타협하지 않고 그러면서도 개척정신이 강한 모범 청년입니다. 저하고는 홍군의 대학시절에 사제의 인연을 맺게 됐고, 그러한 인연으로 해서 제가 이 자리에 서게 된 것입니다. 아울러 신부 현○○양 또한 훌륭한 가문에서 태어나서 훌륭한 가정교육을 받고 성장한 규수입니다. 서원대학교 수학교육과를 졸업하고 신랑 홍군과 마찬가지로 교직에 봉사하고 있습니다. 그러니까 오늘 신랑 홍군과 신부 현양이 결혼함으로써, 부부교사 한 쌍이 새롭게 탄생하는 셈입니다.

이제 이들 신랑 신부에 대한 약력을 대강 소개해 드렸습니다마는 다음에는 오늘 새 가정을 이루고 새 출발하는 신랑 신부에게 몇 가지 당부 말씀을 드리겠습니다. 먼저 "신랑 신부는 인화관계를 잘 이루어 주십시오" 하고 부탁드리겠습니다. 이 인화문제는 부모님에게 효도하는 것, 부부간에 사랑하는 것, 형제간에 우애 있게 지내는 것, 일가친척 간에 화목하게 지내는 것, 다른 사람들과는 신의 있게 지내는 것 등이 모두 인화에 해당합니다. 또 직장에서는 상사를 잘 모시는 것, 동료직원 간에는 조화를 이루고 원만하게 지내는 것들이 모두 인화문제입니다. 그러니까 이 인화를 잘 이루면 만사형통할 것이요, 안 되는 것이 없고, 못 이루는 것이 없을 것입니다. 그러나 인화를 잘 이루지 못하면 그 반대 현상이 일어난다는 것도 명심해야 되겠습니다.

그 다음에는 부단히 자기 수련을 해 주십시오. 자기 수련을 하라는 말은 열심히 노력하고 실력을 쌓으라는 이야기입니다. 그러니까 자기 수련을 하지 않고서는 발전을 이룩할 수가 없습니다. 사람은 오늘 보다는 내일, 내일보다는 그 미래에 더욱더 나은 삶을 살아야 합니다. 그러니 자기 수련을 해서 실력을 쌓지 않고서는 더 밝고 아름다운 미래가 보장되지 않습니다. 사람은 일생을 살아가다 보면 정신적으로 육체적으로 성숙하면서 여러 번 변신하게 되어 있습니다. 열심히 자기 수련을 해서 이 다음 나이가 든 다음에 훌륭한 사람, 성공한 사람, 남들이 존경하는 사람이 되어 주시기 바랍니다. 이제까지 새 가정을 이루고 새 출발하는 신랑 신부에게 몇 가지 당부 말씀을 드렸습니다마는 이점 잘 유의해서 실천해 주시기 바라고 아울러 건강한 가정, 행복한 가정, 이루시기를 간절히 바라면서 이만 주례사에 가늠하겠습니다.

구의공원의 김선생님

오늘 아침에도 나는 5시 30분에 구의공원으로 나갔다. 사실 나는 2001년 겨울부터 비가 오나 바람이 부나 날씨가 더우나 추우나 매일 새벽 이곳으로 나갔던 것이다. 아마 설날과 한가위, 청주에 내려가 있는 날을 제외하고는 매일 출근하다시피 했던 것이다. 그전에는 열심히 아차산을 다녔는데, 겨울이 되자 땅이 얼고 미끄럽고 불편해서 가까운 곳의 이 공원 찾는 일을 일과처럼 반복했던 것이다. 그 덕분으로 나는 건강을 회복하여 행복한 나날을 보내고 있다.

건강에 이상이 생기면 제일 먼저 먹는 것을 마음대로 못 먹고, 밤잠을 이루지 못해 괴로움을 겪게 된다. 나도 한때는 소화가 연속적으로 안 되어 병원 응급실을 찾은 적이 있었고, 불면증에 시달리면서 10일간 계속해서 수면제를 먹고 잤던 시절이 있었다. 내가 2년 전 속초에 가면서 한계령 정상 휴게소에 들렀을 때, 벽면에 "재산을 잃는 것은 작은 것을 잃는 것이고/ 명예를 잃는 것은 큰 것을 잃는 것이고/ 건강을 잃는 것은 인생 전부를 잃는 것이다"라고 조각하여 걸어놓은 것을 본 적이 있다. 건강의 중요성을 다시금 일깨워주는 명구라고 생각한다.

나는 구의공원에 가면 걷기, 달리기, 운동기구에 매달리기 등 여러 가지 운동을 한다. 또 어떤 때는 생활체조 선생님의 지도를 받아가면서 팔과 다리를 움직이고 들뛰기도 한다. 이렇게 한 50분가량 하면 굳은 몸이 풀리고, 기분이 상쾌해지고, 다리가 가벼워지는 느낌을 받게 된다. 그러니 습관처럼 나가게 되었고 나가다보니 건강을 되찾은 것으로 해석된다.

그런데 구의공원에 나가면서부터 그곳에서 항상 만나는 사람이 있었다. 늘 휴지 줍는 집게를 들고 커다란 쓰레기봉투를 들고 공원 청소를 도맡아서 하는 것이다. 검은 작업복에 모자를 눌러 써서 나이를 짐작할 수 없었지만 나보다는 한두 살 연상일 것이라는 생각을 했다. 언제나 그곳에서 같은 모습으로 만나게 되니 나는 그분이 구청의 청소과 직원이거나 청소부일 것이라고 자의적인 해석을 하였다. 그러면서 하도 자주 만나기에 먼저 “안녕하십니까?”라고 인사를 하였다. 정식으로 인사를 나눈 처지는 아니지만 그렇게 되니까 만날 때마다 자연스럽게 인사를 주고받게 된 것이다.

한번은 테크노마트 쪽에 있는 운동기구에 매달리고 있는데, 이분이 윗몸일으키기 운동을 수십 번 하지 않는가? 나는 놀라서 “그 운동을 몇 번이나 합니까?”라고 물었더니, “내 나이만큼 합니다”라고 대답하는 것이었다. “실례지만 올해 연세가 어떻게 되십니까?” “예순 다섯입니다.” “그러면 나하고 나이가 같습니다.” 이런 말을 주고받다보니 나와 동갑이란 사실을 알게 되었다. 그런데 나는 윗몸일으키기 20번 하고는 쉬고 3번에 걸쳐서 60번을 하는데, 이분은 쉬지 않고 한꺼번에 65번을 한다니 대단한 분이라고 생각했다. 근래에 다시 물어보니 먼저 40번을 하고, 나중에 30번을 해서 도합 70번을 한다는 것이다. 어떻게 하든 나보다는 더 많이 하고 더 열심히 운동을 하니 건강할 수

밖에 없지 않겠는가? 김선생은 체구는 크지 않고 말라보이기는 하지만 나이에 비해서 항상 건강미가 흐르고 있었던 것이다.

이처럼 자주 만나다 보니 통성명을 하게 되었고 서로의 신분을 밝히게 되었다. 그는 부산에서 주로 살다가 구의동 현대 2단지로 1년 반전에 이사 왔다는 것이다. 그곳에서 정년퇴직을 했기에 두 아들이 살고 있는 구의동으로 이사 오게 되었는데, 큰아들은 의사이고 작은아들은 재벌기업의 사원이라고 한다. 나는 마음속으로 그만하면 아들을 잘 둔 사람 축에 든다고 생각하였다. 부산에서는 한 평생 교직 생활을 했는데, 각 학교의 교무주임 생활을 많이 했고, 교감 생활, 마지막에는 부산 교육청의 장학관을 하다가 정년 단축으로 인해 명예퇴직을 했다는 것이다. 이처럼 보직 생활을 많이 하였기에 누구보다도 학교 행정에는 밝다고 하였다. 또 전공과목은 국어라고 하니, 나와는 여러 가지 면에서 상통하는 바가 많다고 생각되었다.

이런 사연을 알고 보니까 김선생님은 본인의 화려한 교직 경력으로 보나 사회 진출을 잘한 자식들의 체면으로 보나 공원의 청소부로 일할 사람은 아니었다. 그런데도 매일 아침 이곳에 나와서 휴지를 줍고 어지러운 곳을 쓸고 화단을 정리하고 꽃을 가꾸고 나무를 옮겨 심고 1년 내내 살고 있는 것이다. 어떤 때는 아침뿐만 아니고 낮이나 밤에까지 나와서 자원봉사하고 있는 것이다. 누가 시키는 것도 아니고 보수나 대가를 받는 것도 아니다. 그야말로 공원을 위해서 공원을 이용하는 사람들에게 깨끗한 환경을 제공하기 위해서 순수하게 봉사하고 있는 것이다. 이러한 봉사활동은 눈비, 바람 등 날씨에 관계없이 전천후로 이루어지고 있는 것이다. 남이 알아주거나 말거나 힘이 들거나 말거나 그저 묵묵히 이 공원을 지키고 있는 것이다.

이처럼 봉사정신이 투철한 김선생도 언젠가 이런 말 하는 것을 들었다. "식탁보는 더러워지면 세탁하면 깨끗해지지만 인간 못된 것은 아무리 나무라고 가르쳐줘도 제 버릇 못 버린다"라고… 김선생께서 참으로 명언을 했다고 생각했다. 나쁜 사람들은 잘못을 저지르거나 남에게 피해를 주고도 반성하거나 후회하는 것을 보지 못했다. 적반하장으로 그 잘못을 상대방에게 전가하는 상투적인 수법을 쓰고 있는 것이다. 남을 음해하거나 모략하고 공격하는 데만 열중하고 있는 것이다. 그런데 문제는 이처럼 양심적이고 남을 위해서 봉사하고 누구보다도 행정적 능력을 갖춘 분들이 존경받거나 쓰임을 당하지 못하고, 위에서 열거한 어중이떠중이들이 큰소리치고 활개 치면서 세상을 좌지우지하는데 있다. 나는 김선생님이 구의공원의 쓰레기만 치우지 말고 파리나 모기와 같은 인간쓰레기도 함께 치워줬으면 좋겠다는 생각을 했다. 당신 말씀대로 그들을 교화시키거나 바로잡아주지는 못하지만 아예 난지도 쓰레기장 같은 곳으로 치워버릴 수는 있다고 생각했기 때문이다.

다정 김석철 교장선생님

1980년대 중반 월간문학 출신들의 동인 모임인 <미래시>가 결성되었고, 나는 열심히 이 모임에 참석했습니다. 이 모임에서는 해마다 사화집을 냈고, 지방을 순회하면서 문학 강연이나 시낭송회를 가졌습니다. 그래서 나도 서울의 문인은 물론 지방의 문인들과 상면하고 교류할 수 있는 기회가 생겼습니다.

그러나 나는 지방 대학에 근무하는 처지라 이 모임에 자주 참석하기 어려웠고, 당면 과제가 강의 열심히 하고 학위논문 쓰는 일이기 때문에 작품 활동을 제대로 할 수 없었습니다. 그러니 어떤 모임에 참석을 제대로 하기 어렵고, 문학 서클에서 작품을 제대로 낼 수 없다면, 이미 그 모임을 계속할 의의는 상실하고 만 것입니다. 그래서 나는 미래시가 출발한지 5년 만에 창립멤버이면서도 자진 탈퇴하고 말았습니다.

그 당시 많은 문인들을 만났지만 특별히 사귄 사람은 없었는데, 그중에서 김석철 시인만은 관심을 갖고 살펴보았고 호감을 갖게 되었습니다. 우선 언행이 반듯하고, 이해관계에 따라 움직이지 않고, 남을 배려하는 아량이 있어 선비다운 면모를 지녔기 때문입니다. 나는 글 쓰는 사람 가운데서도 인품이 개떡 같은 사람을 많이 보았기 때문에, 문인은 글보다는 인품이 좋아야 된다고 생각했습니다. 왜냐 하면 글은 계속해서 열심히 쓰고 노력하면 잘 쓰게 된다고 생각했기 때문입니다.

이러한 이유로 해서 1987년 시조동인 씨얼문학회에 가입하실 것을 권유했고, 김시인께서는 쾌히 승낙하고 입회 절차를 거치어 오늘날까지도 함께 동인 활동을 하고 있는 중입니다. 동인 활동을 같이하면서 시조론이나 작품세계를 논의하는 한편, 동인들 간의 우의를 다져왔습니다. 하여간에 김시인은 인품만 고상한 것이 아니라, 그의 작품을 보면 남다른 경지를 보여주고 있습니다.

"포근한 대낮에도/ 치솟는 돌개바람/ 목이 타는 가뭄인데/ 순식간에 홍수여라/ 이상한/ 변덕부림이/ 인심과도 같으이" (이상 기후, 전문)

시에서 가장 중요한 것은 비유나 상징법을 썼느냐 안 썼느냐 하는 문제입니다. 위 작품에서 초장과 중장은 그야말로 이상 기후 자체를 설명한 것입니다. 포근한 날씨인데도 돌개바람이 분다거나 가뭄이 심하다가 순식간에 대홍수가 지는 것은 틀림없는 이상기후 현상입니다. 그러나 이러한 이상기후가 자연현상에만 그치지 않고 인간 세계에도 재현되고 있으니 문제입니다. 어쩌면 인심의 변덕스러움은 이상기후나 궂은 날씨보다도 심각한데가 있다고 생각됩니다. 인간 사회에서의 이런 현상은 주로 강한 성격의 소유자한테서 유발됩니다. 또 이런 부류의 사람들은 타협형이나 유화형이 아니고 공격형이라는 공통점이 있습니다. 내가 자주 만나는 사람 중에 "식탁보는 빨면 깨끗해지지만 사람 못된 것은 아무리 닦달하고 깨우쳐 주어도 달라지지 않는다."라고 말한 이가 있습니다. 이처럼 악인은 이럴 수도 저럴 수도 없는 존재입니다. 예의 작품에서 말한 변덕스러운 인간도 악인의 일종입니다. 한마디로 이 작품에서는 변덕스러운 인간을 변덕스러운 기후에 비유했다는 데에 의미가 있는 것입니다.

우리 씨얼문학회 회원들은 매년 연말이면 부부동반으로 망년회를 했습니다. 그래서 회원 자신뿐 아니라 가족간에도 친밀한 관계를 유지해 왔습니다. 그런데 근래에는 서로 바쁘다는 핑계로 이 행사를 못했는데 참으로 아쉬운 일입니다. 그렇더라도 2천년 12월 김광수 시인 내외분, 박상문 시인 내외분, 김석철 시인 내외분, 박영록 시인 내외분, 본인 내외가 함께 부부동반으로 중국 여행을 다녀온 것은 생애의 최대 기쁨이었습니다. 그때 우리들은 상해, 계림, 소주, 항주 등지를 함께 여행했던 것으로 기억됩니다. 상해의 눈부신 발전, 계림의 천하절경, 관암 동굴의 웅장함, 소주와 항주의 역사적 소재들을 관람하면서 우리들은 형제 이상의 우의를 다졌습니다. 그리고 매년 10월 말이면 세종문화회관을 빌려서 문학 특강과 시낭송회를 갖는데, 이때는 씨얼 회원뿐 아니라 온 가족까지 총출동해서 큰잔치를 베푼다는 느낌을 갖게 합니다. 그러니 가족같이 지내고 형제같이 지내는 것이 우리 씨얼 회원들의 장점이요 자랑거리라고 하겠습니다.

김석철 교장선생님과 본인과의 만남은 이처럼 문학적 만남이 주류를 이루었고, 문학적인 교류가 최우선이었습니다. 그런데 몇 년 전 어느 날 교장 연수를 받으러 본인이 근무하는 교원대에 오셨습니다. 다른 장소에서만 늘 만나다가 제가 근무하는 학교에서 만나니 감회가 깊었습니다. 그 당시 다른 문인들과 함께 저녁 식사 대접을 해드렸는데 특별히 잘 모시지 못해 죄송합니다.

그리고 몇 년 지났는데 벌써 정년이라니요. 아직도 얼굴을 보면 동

안이요 체력을 보면 젊은이 못지않은데, 학교를 떠나신다니 인생무상
을 실감하게 됩니다. 그러나 어찌 하겠습니까. 나이 먹으면 일선에서
물러나는 것이 자연의 섭리입니다. 비록 36년간 정들었던 교육계를 떠
나시더라도 여전히 모든 사람들의 모범이 될 교장선생님입니다. 계속
해서 후진들을 깨우치고 이끌어주어야 할 의무가 있습니다. 정년하신
다음에는 특별히 건강에 유의하시기를 부탁드립니다. 우리가 종사해야
할 문인생활에는 정년이 없으니 얼마나 좋습니까. 이제부터 본격적으
로 좋은 글 쓰자고 권유하면서 정년을 축하드립니다.

놀부와 노씨 영감

　우리나라 고소설 중에는 「춘향전」「심청전」「흥부전」 등을 3대 걸작품으로 꼽고 있다. 그 중에서도 흥부전의 주인공 놀부는 탐욕스럽고 인색하기가 천하의 제일가는 인물로 묘사되었다. 먼저 놀부의 성격이 포악하기 이를 데 없다는 것을 강조해 놓은 장면을 인용해 보자.

　"술 잘 먹고 나태하고 싸움 잘하고 초상난 데 춤추기, 불붙는데 부채질하기, 해산한 데 개 잡기, 장에 가면 약매 흥정, 우는 아이 똥 먹이기, 무죄한 놈 뺨치기와 빚값에 계집 빼앗기, 늙은 영감 덜미치기, 아이 밴 계집 배 차기며, 우물 밑에 똥 누어 놓기, 오려논에 물 터놓기, 자친 밥에 흙 퍼붓기, 패는 곡식 이삭 빼기, 논두렁에 구멍 뚫기, 애호박에 말뚝 박기, 곱사등이 엎어 놓고 밟아주기, 똥 누는 놈 주저앉히기, 면례하는데 뼈 감추기, 남의 양주 잠자는데 소리 지르기, 수절 과부 겁탈하기, 통혼하는데 간혼 놓기, 만경창파에 배 밑 뚫기, 목욕하는데 흙 뿌리기, 담 붙은 놈 코침 주기, 눈 앓는 놈 고춧가루 넣기, 이 앓는 놈 뺨치기, 어린 아이 꼬집기외다."

　여기 인용문을 보면 이 세상에서 놀부보다 더 나쁜 인간은 없다고 보아야겠다. 그러니까 놀부는 남들이 꺼려하는 나쁜 짓만 골라서 하는 인물로 묘사되었던 것이다. 놀부는 이 세상에 보이는 것이라고는 아무것도 없고 오직 돈밖에 모르는 인간이었다. 그저 돈이 생긴다면 수단과 방법을 가리지 않고, 온갖 나쁜 짓을 해가면서 긁어모았던 것이다.

그런 점에서는 현대판 놀부인 노씨 영감도 이에 뒤지지 않는다. 두 인물 즉 소설 속의 놀부와 현실 속의 노씨와의 공통점은 그 끝없는 무한대의 탐욕 때문에 결국은 패가망신하고 만다는 교훈을 우리들에게 준 점이다. 그러면서도 차이가 있다면 놀부는 인색한 면이 부각되었고, 노씨는 탐욕스러운 면이 더 부각되었다는 점이다.

> "놀부는 워낙 무도한 놈이라 흥부 온 일이 전곡 간에 구걸하러 온 줄 알고 못 본 체하다가 여러 번째야 묻는 말이~ 중략~ 세 끼를 굶어 누운 자식 살려낼 길 전혀 없어 염치를 불구하고 형님 댁에 왔사오니 동기지정을 고려하시와 벼가 되나 쌀이 되나 양단간에 주옵시면 품을 판들 못 갚으며 일을 한들 공하릿가."

원래 농부는 흥부네 식구와 함께 살다가 그 흥부네 식구가 재산을 축내는 것이 아까워서 아무런 대책 없는 흥부를 문 밖으로 내쫓았던 것이다. 그래서 어느 양지바른 언덕에 수숫대 뺑대를 베어다가 움막집을 짓고 살 수밖에 없었던 것이고, 먹을 양식이 없어서 처자식들과 함께 굶기를 밥 먹듯 하며 살아가고 있었다. 그 때문에 형님 댁에 양식 좀 빌러 갔다가 문전박대 당하고, 양식이나 돈은 전혀 얻어오지 못하고, 그 대신 놀부네 하인들한테 매만 실컷 얻어맞고 돌아왔던 것이다.

전혀 모르는 낯선 인간이 찾아와서 구걸을 해도 그처럼 문전박대 해서는 안 되거늘 자기의 동생이 굶어죽게 되어서 찾아 왔는데 도와주기는커녕 몽둥이질을 해서 쫓아 보내니 이 세상에 이보다 더 포악하고 인색한 놈은 없을 것이다.

놀부와 비슷한 인간으로 노씨 영감이 있으니, 그의 재산이 천하제일이란 것은 온 세상이 다 아는데, 꽃동네 불우이웃 돕기 기금으로 매월 일천 원씩 보냈다고 하니, 놀부와 노씨가 너무나 닮은꼴이라는 데 놀라지 않을 수 없다. 그러면서도 노씨는 5천억 원 비자금 조성한 것을 전체 국민들 앞에 사죄하면서 그 돈의 일부를 어려운 이웃들을 위해서 썼다고 뻔뻔스럽게 기만했으니, 그 옛날 놀부하고 쌍둥이 인간이 이제 와서 다시 태어났다고 보는 편이 훨씬 나을 것이다.

다음에는 노씨가 얼마나 탐욕스러운 인간인지 그가 돈을 긁어모은 과정부터 알아보자. 노씨가 긁어모은 돈의 성격을 보면 성금, 떡값, 국책 사업을 지정할 때 특혜를 준 대가로 받은 뇌물, 부동산 투기를 해서 번 돈 등으로 나누어볼 수 있다.

먼저 성금이란 것은 어디까지가 성금이고 어디까지가 뇌물인지 그 성격을 분명히 해야 할 것 같다. 30대 주요 대기업은 한 번에 5억 내지 10억원, 중견 대기업은 1억 내지 2억 원 정도를 냈다고 하는데, 이처럼 거액을 1년에 한 번 정도 낸 것도 아니고, 무슨 건수가 있을 때마다 여러 번 냈다고 하니, 그것을 어찌 단순한 성금이라고 이야기할 수 있겠는가.

그 다음 떡값이라 하는 것도 말이 안 되는 이야기다. 수십 개의 기업체들로부터 최하 1억원에서 최고 10억 원대에 이르는 돈을 떡값이라는 명목으로 받아들였다면 이것은 분명 떡값이 아니라 뇌물인 것이다. 남들은 평생을 저축해도 모을 수 없는 거액을 떡값이라는 이름으로 기업체마다 내게 했는데, 그것이 어찌 뇌물이 아니고 단순한 떡값이란 말인가?

세 번째로 돈을 긁어모으는 방법 중의 하나가 거창한 국책사업을 지정하는 과정에서 일부 업체들에게 특혜를 주고 커미션을 챙기는 수법이다. 그 대표적인 것이 경부고속전철 하청문제, 영종도 신공항, 수서 택지 비리 사건, 율곡 사업 비리, F16 전투기 기종 변경, 제2 이동통신 선정 문제 등 부지기수이다. 그 밖에도 전국의 스키장 허가 문제, 수백 개나 되는 골프장 허가 문제 등에 관여하면서 그 커미션을 챙겼다고 한다. 이처럼 노씨 영감이 이권을 챙기다 보니, 그 당시 이루어진 대형 건설 사업들은 모두 부실공사가 되었다. 일산 신도시, 분당 신도시 등의 아파트들은 대표적인 부실공사가 되어 사회문제화 된 것이 한두 번이 아니었다. 어떤 것들은 기울어져 위험하기 짝이 없었고, 어떤 것들은 벽에 금이 가고 누수가 되어 사람들이 살 수 없을 지경이 되었다.

네 번째로 노씨가 돈을 버는 방법은 부동산 투기였다. 그의 토지나 건물로 알려진 것은 서울 서초구 반포동에 있는 동호빌딩, 강북 모처에 있는 또 다른 빌딩, 수원의 1만 2천 평 되는 농지, 경기도 오산의 공장 터 7천 평, 영종도 부근 5만 평, 서울 중구 정동극장 앞 대지 7백 평, 서울 시청 부근의 서울센터 빌딩 외 숨겨 놓은 부동산이 부지기수라는 것이다. 다른 사람들이 부동산 투기를 해도 국가 경제의 건전한 발전을 위해서 막았어야 할 인물이, 제가 앞장서서 부동산 투기를 해 댔으니, 이 나라 땅값과 건물값이 요동칠 것은 뻔한 노릇이다.

지금까지 노씨 영감의 탐욕스러운 면을 일일이 고증하면서 살펴보았거니와, 노씨는 원래 천성적으로 큰 도둑놈이기 때문에 그렇다 치고 그의 안사람인 김여인은 무엇하는 인물인가. 자기 남편이 물신주의(物神主義)의 신봉자가 되어 돈에 눈이 뒤집혀서 탐욕을 부리면 조금은 꾸짖고 나무라고 경계해서 어느 정도 제동 거는 시늉이라도 했어야 마땅하다.

어떻든 노씨 혼자서 긁어모은 돈만도 5천억 원 가량 된다고 했는데,

노씨 영감은 이것을 일컬어 통치자금이라고 했다. 이 통치자금이란 단어는 국어사전에도 없는 말이려니와 진정으로 그것이 통치자금이라면 우리 국민들 모두에게 혜택이 가게끔 씌어졌어야 한다. 그런데 노씨는 그 돈을 국민을 위해서 쓰지 않았고, 자신의 정권 유지와 자손만대까지 잘 먹고 잘 살기 위해서 쓰지 않았는가? 어떻든 긁어모은 돈이 너무 많아 주체할 수 없으니까 우리나라 여러 시중은행에 남의 이름을 빌려 차명계좌로 숨겨 두었고, 그것으로도 부족해서 전국 각처에 대형 부동산을 남의 이름으로 매입해 두었고, 또 그것도 부족해서 검은 돈의 안전한 은신처인 스위스 은행들에까지 비밀 구좌로 감추어두지 않았던가? 이것을 어찌 검은 돈 구린 돈이라 하지 않고 통치자금이라고 미화할 수 있겠는가? 그 돈을 자손만대까지 잘 먹고 잘 살기 위해서 숨겨 둔 비자금이라 하지 않고 통치자금이라 하는 것은 우리 국민들을 속이는 기만행위다.

하여간에 돈에 눈이 뒤집힌 노씨 영감이여. 그 돈을 죽어서 관속까지 가져가려고 생각했던가. 그 탐욕의 극치를 이루면서 인색하기 짝이 없는 인간은 소설 속에나 있는 줄 알았는데, 그 놀부와 똑같은 노씨 영감을 현실 속에서 만날 수 있었으니 흥부전을 지은 작자의 선견지명에 감탄사를 보내지 않을 수 없다. 그렇다면 소설과 현실은 전혀 다른 별개의 세계가 아니라 소설 속의 인물과 사건이 현실 속에서도 그대로 재연될 수 있다는 것을 놀부 영감과 노씨 영감을 통해서 증명해 주었다. 소설세계와 인간의 현실세계가 이처럼 동일할 수 있다는 데에 놀라움을 금치 못하면서, 소설이 허구라는 개념 자체를 바꾸어야 할 시기가 왔다고 생각한다.

선비 정신을 구현한 분

제가 선생님을 알게 된 것은 국어교과서에 실린 선생님의 글 때문이었고, 또 제가 공부를 계속하는 동안 선생님의 저서나 논문을 접하면서 부터였습니다. 그러나 직접 뵙고 인사드리기는 지난 80년대 중반 한국시조학회가 창립되고 그 활동이 시작되면서 부터였다고 생각됩니다. 저희 학회는 정기적으로 한 학기에 한 번씩 '시조학연구' 발표 대회를 가져 왔습니다. 저는 그 학회에 작은 직책을 가지고 심부름을 하느라고 빠진 적이 없었는데, 선생님은 그때마다 참석하시어 각 연사들의 발표내용을 경청하셨고, 때로는 질문도 하시고 때로는 후배들이 잘못 알고 있는 점을 시정해 주시는 자상한 면까지 보여주셨습니다. 그야말로 열심히 참석하셨고 열심히 탐구하는 자세를 보여주셨는데, 이러한 장면 한 가지만으로도 선생님의 끈질긴 선비 정신과 진지한 학자적 면모를 짐작게 해줍니다.

다음에는 한실 선생님과 깊은 인연을 맺게 된 개인 사정을 말씀드리겠습니다. 선생님은 지난 88년도에 제 박사학위 논문을 심사해 준 은인이셨습니다. 그때 2백자 원고지 1500매나 되는 방대한 분량을 어떻게 자세하게 읽으시고 꼼꼼하게 지적해 주셨는지 선생님의 지도 덕분에 제 논문은 묵은 때를 벗을 수 있었습니다. 그리고 무엇보다도 감격스러웠던 것은 심사위원 5분 중에서도 제일 먼저 "원박사 축하하네"라고 하시면서 손을 잡고 격려해 주시던 모습이었습니다. 그때 선생님을 여러 번 뵈올 기회가 있었는데, 선생님의 온화하고 다정다감하고 자상하고 그러면서도 위엄을 갖춘 인품에 감동 받은 바가 많았습니다.

그리고 한실 선생님께서는 나손 선생님의 뒤를 이어 '문학비 건립 동호회' 회장직을 맡게 되셨습니다. 그 이전 나손 선생님이 회장직을 맡으셨을 때는 저한테 동호회에 참여하라는 권고가 없었는데, 한실 선생님으로 바뀌고서 부터는 저에게 '문학비 소식'이란 책자가 날아들고 동호회 참여를 권고하셨습니다. 그래서 저도 '문학비 건립동호회'의 일원이 될 수 있었고 그 단체의 일원이 된 것을 자랑스럽게 생각하고, 여러 가지로 배려해 주시는 선생님의 은혜에 조금이나마 보답할 수 있는 기회가 주어졌던 것입니다.

그런데 그 '문학비 소식'이란 책자를 받게 되면 빠짐없이 게재되는 문구가 있었는데 그것은 "선비가 선비를 대우하지 않으면 누가하랴"라는 명언이었습니다. 사실 저는 제 자신이 '선비'라고 생각한 적은 한 번도 없었습니다. 그저 막연하게 '공부를 좋아하는 사람', '공부를 직업으로 하는 사람' 정도로 생각해 왔습니다. 그런데 위에 예시한 문구를 보게 되면 '문학비 건립동호회'에 참여함으로써 저 자신도 '선비'의 자격을 획득하게 되었으니 얼마나 자랑스러운 일입니까.

그리고 또 한 가지 잊지 못할 사연이 지난 해 11월에 있었습니다. 1991년 11월은 문화부에서 '고산 윤선도'를 11월의 문화인물로 지정하고 이를 기념하는 행사가 다채롭게 전개 되었습니다. '고산 윤선도 시조문학의 재조명'이란 주제로 문화예술진흥원 강당에서 제4회 겨레시 세미나가 열렸고, 문화행동 이벤트본부 주최로 '고산 윤선도 유적지 답사' 행사가 있었고, 광주에서는 고산연구회 주최로 고산 윤선도의 생애와 업적에 대해서 전국 학술대회가 열렸습니다. 저는 유적지 답사팀에 초청 연사로 참석했었는데 광주에 가서는 그곳 학술대회에 참여했던 분들과 합류하게 되었고, 그래서 한실 선생님과 장거리 여행을 함께 하는 영광을 얻게 되었습니다. 그때 해남에서 일박하고 보길도에서 일박한 적이 있었는데, 그 오고가는 과정에 선생님 옆에 앉아서 선생님의 좋은 말씀을 많이 들을 수 있었습니다. 저에게 들려주신 말씀을 일일이 기억할 수는 없지만 주로 국문학에 대한 이야기, 문학과 관련된 인물들의 이야기, 좋은 책과 좋은 논문들에 대한 이야기 등이었습니다.

특별히 자랑스러웠던 일은 보길도에서 완도로 되돌아오는 선실 안에서 바로 선생님의 옆자리에 앉아 남해 바다의 만경창파를 함께 감상할 수 있는 기회가 주어졌다는 점입니다. 선생님은 그때 정년퇴임 시문집을 만들게 되었다는 사실, 우리나라 수필집을 제일 많이 소장하고 계시다는 사실, 어느 지방을 여행하더라도 그 지방에 있는 유명 서점이나 고서점은 반드시 둘러본다는 사실 등을 말씀해 주셨습니다. 그리고 원광대에서 학위를 받은 이 모씨의 신상 문제에 관해서도 자세하게 설명해 주셨습니다. 그 밖에도 좋은 말씀을 많이 해 주셨는데 그러한 이야기들을 통해서 선생님이 후학들이나 제자들을 무척 사랑하신다는 사실도 알게 되었던 것입니다.

저는 며칠 전에 고향 여주에 가서 그곳 인사들을 만나 여러 가지 이야기들을 나눈 적이 있습니다. 주로 교육계에 종사하는 분, 문화계에 종사하는 분들을 만났던 것입니다. 그러는 가운데 여흥고등학교 이병룡 교장을 만나게 되었고 제가 국문학을 한다는 사실을 알게 된

이 교장은 계속해서 교수님 이야기만 하고 있었습니다.

"이상보 교수님과는 사제지간이다", "이상보 교수님의 은혜를 많이 입은 제자다", "서울에 올라가면 이상보 교수님을 반드시 찾아뵙는다", "장기간 만나 뵙지 못할 때에는 전화로 안부 말씀을 드리는데 어떤 때는 이 교수님이 먼저 전화를 주신다", "이 교수님은 특별히 제자를 아끼고 사랑하는 마음이 강하신 분이다", "이상보 교수님께서는 이곳 여주에도 여러 번 다녀가셨다"는 등의 이야기를 비롯해서 일일이 소개하기 어려울 정도로 많은 사연들을 들려주었습니다. 저는 이 교장의 이러한 이야기들을 전해 듣고는 "이상보 선생님은 정말로 다복한 분이시다"라고 생각했습니다. 선생님을 존경하고 따르는 제자가 이곳 여주에까지 있다고 생각하니 제자 복이 많으신 선생님이 부러웠고 아울러 세상은 넓고도 좁다는 말이 그대로 실감되었던 것입니다.

그러나 이상보 선생님의 진면목은 조선시대로 말하면 꼬장꼬장한 선비요 현실대로 말하면 국문학에 관한 많은 연구 업적을 남기신 학자라는데 있을 것입니다. 주요 저서들만 들어 보아도 「박노계 연구」, 「주해 가사문학전집」, 「한국가사문학의 연구」, 「이조가사정선」, 「새 국문학사 연구」, 「대학한문 정수」, 「명시조 감상」, 「교주 인현왕후전」 등 다수를 들 수 있습니다. 제가 언젠가 선생님 댁을 방문한 적이 있었는데, 그 생활 모습을 보면 청렴결백한 조선 시대의 선비상을 그대로 재현하고 계셨고, 그 넓고 커다란 서재에는 동서고금의 좋은 책들로 가득 채워져 있었습니다. 또 선생님은 책을 너무 좋아하셔서 '고서동우회'에도 가입하시고 그 회장직을 역임하신 바도 있습니다. 그러니까 선생님은 좋은 책을 많이 소장하시고, 누구보다도 책을 좋아하시고, 한국 고전문학에 대한 많은 연구 업적을 남기셨고 훌륭한 제자들이 많을 뿐만 아니라 그들로부터 남다른 존경을 받고 계십니다.

그래서 저는 '한실선생님은 조선 시대의 선비 정신을 그대로 구현하신 스승님'이라 생각했습니다. 선생님의 정년퇴임을 아쉬워하면서 더 많은 업적 남기시기를 기대하면서 더욱 건강하시고 행복하시기를 간절히 바라면서 두서없는 글을 마칩니다.

제4부

여러 성인들의 말씀

　명심보감(계선편)을 보면 장자가 말하기를 "나에게 착한 일을 하는 자에게도 내또한 착하게 하고 나에게 악한 일을 하는 자에게도 내 또한 착하게 할 것이다. 내가 이미 남에게 악하게 아니 하였으면 남도 나에게 악하게 할 수 없을 것이다"라고 하였다. 즉 사람은 언제나 남의 잘못을 용서할 줄 아는 아량이 있어야 한다. 나에게 잘하는 사람은 물론 나에게 잘못하는 사람에게도 똑같이 잘해야 한다는 이야기다. 내가 남에게 악하게 하지 않는 이상 남도 나에게 악하게 할 수 없다는 뜻이다. 그뿐만 아니라 명심보감 첫머리를 보면 "착한 일을 하는 사람에게는 하늘이 복을 주고 악한 일을 하는 사람에게는 하늘이 재앙을 준다"라고 하였다. 이런 내용들을 읽어 보면 구구 절절이 옳은 말들이고, 또 그것들이 옳은 말씀이기에 그대로 실천하는 것이 우리 배우는 사람들의 도리요 인의예지신을 숭상하는 사람들의 도리라고 생각한다.

　그러면 오늘날 우리 학교현장에서 벌어지는 일과 우리 사회에서 다반사로 일어나는 사건들을 미루어 생각해 보자. 과연 저 성인들의 말씀대로 실천하는 것이 가능한 것인가, 아니 그처럼 실천하려고 노력하는 사람들은 과연 몇 명이나 되겠는가. 윗글을 보면 나에게 악한 일을 하는 자에게도 나 또한 착하게 하라고 말씀하셨다. 물론 본인이 60여 평생을 살아보니까 그동안 나에게 착하게 하고 도움을 주었던 분들이 있는가 하면 나에게 악하게 굴면서 비방과 손해를 끼쳤던 분들로 나뉘어 진다. 그래서 논어를 보면 "益者三友 損者三友" 란 말이 나온다. 나에게 유익한 사람이 3사람이 있다면 나에게 손해를 끼치는 사람도 3사람은 있게 마련이라는 이야기이다. 그러니 어느 시대 어느 곳에 살더라도 나를 괴롭히고 해치려드는 사람은 반드시 있게 마련이다. 아마도 그것은 전생의 악연이 있어서 그렇다고 생각되기에 그들을 피해서 안보고 살아갈 방법 또한 없다고 생각한다.

그러기에 장자는 나에게 악한 일을 하는 자에게도 내 또한 착하게 하라고 권유했지만 필자의 소견으로는 그런 상황에서 더 착하게 대하면 완전히 병신취급하고 왕따 당하기 십중팔구이다. 요즘 학교든 사회든 다 착한 사람을 보면 그 들의 인격을 인정하고 존중해야 할 텐데 도리어 깔보고 업신여기고 병신 취급하는 경향이 농후하니 장자님의 말씀이 백번 옳다하여도 따를 수 없다는 것이 현실이라는 것을 명심해야겠다. 그러니 이러한 악인을 만나고 또 악인이라는 것이 확실해졌으면 그를 안보고 안 듣고 안 만나고 안 부딪히고 완전히 의절해 가면서 인연을 딱 끊고 사는 것이 최선의 방법이라고 생각한다. 그 대상이 타성이나 타남이 아니요 형제자매지간이라 하더라도 그 방법을 달리할 수 없고 똑 같게 적용할 수밖에 없다는 것이 이 어리석은 사람의 소견이다.

또 장자의 말을 인용하면 내가 남에게 악하게 하지 않았으면 남도 나에게 악하게 할 수 없을 것이라고 하였다. 이말 또한 얼핏 보면 맞은 것 같고 상당히 설득력 있는 것 같다. 그러나 나의 경우를 살펴보

면 나는 남들에게 전혀 악한 짓을 하지 않았는데 단지 자기들의 요구
를 들어주지 않는다는 이유 하나만으로 무참하게 짓밟히고 갖은 곤욕
을 치룬 경우가 한 두 번이 아니었으니, 장자의 이말 또한 진리라고
믿기에는 이해되지 않는 점이 있다. 이렇게 보면 이 세상을 살아나가
는데 있어서 선악의 논리보다는 힘이 세냐 약하냐 하는 강약의 논리
가 우선했던 것이 아닌가 생각된다.

> "만적의 난 이후부터 최충헌은 개경 전역에다 수하들을 배치시켜 백성
> 들을 감시하도록 했으며 궁궐에 들어갈 때도 수백 명의 군사를 대동
> 하고 다녔다. 또한 박진재의 세력이 자신 못지않게 커지자 그를 불러
> 양다리의 심줄을 잘라내고 유배시켜 버렸다. 그 외에도 세력을 키우는
> 자가 있으면 가차 없이 죽이거나 귀양을 보냈다."

고려사 신종실록에서 인용해 보였거니와 여기 어디에 의와 불의
또는 선과 악의 논리가 적용된다는 증거가 있는가. 오로지 힘센 자는
부귀영화를 누리고 힘없는 자는 억울하게 귀양보내지거나 죽음 당한
다는 사실을 증명해 보이고 있을 뿐이다. 이 같은 공포정치를 실시하
며 조정을 독식하던 최충헌은 1203년에 중서문하평장사에 올랐다가
1205년에 만인지상 일인지하의 문하시중이 되었다. 그리고 1211년 내
시랑중 왕준명 등이 궁궐 내에서 그를 살해하려는 음모에 휘말려 가
까스로 목숨을 구한 사건이 발생하자 그 일을 방관한 희종을 내쫓고
명종의 아들 강종을 임금으로 세웠다. 이처럼 극악무도한 최충헌이
재앙을 받기는커녕 그가 죽은 다음에 그의 권력은 아들 최우에까지
세습되어 60년 동안 최씨 무신정권이 계속되었다. 이러한 역사적 사
실을 보면 착한 일을 하는 사람에게는 하늘이 복을 주고 악한 일을
하는 사람에게는 하늘이 재앙을 준다는 공자님의 말씀도 잘 맞지 않

는 것 같다.

　고려사는 그만두고 최근의 역사를 되돌아봐도 친일파의 자식들은 출세해서 잘 먹고 잘 살고, 독립운동가의 자식들은 글공부도 못하고 가난하게 살아가는 경우가 많다고 하니, 이러한 사실들을 어떻게 이해하고 설명할 것인가. 이러한 화두를 두고 하루 종일 고민하다보니 여름날의 긴긴 해가 서산마루에서 빙긋이 웃고 있었다.

삼월의 의미

일년 12달의 의미를 찾아보면 그 나름대로 장단점을 지니게 되고 좋은 점과 나쁜 점을 지니게 되어 어느 달이 절대적으로 좋다고 단언을 할 수는 없다. 또 계절적으로 생각해 보아도 어느 사람은 봄이 좋다고 할 수 있고, 어느 사람은 겨울이 좋다고 할 수 있어, 그 사람에게 주어진 여건이나 취향에 따라 이야기는 다르게 된다. 이 글에서 논의하려는 3월 또한 사람마다 각양각색의 이야기를 할 수 있겠지만 본인의 주관과 경험에 따라서 그 장점들만 나열해 보고자 한다.

첫째로 3월은 매사를 시작하는 달이란 점을 강조하고 싶다. 물론 송구영신의 의미가 들어있는 정월을 시작의 달이라 명명하는 것이 논리상 맞다는 것도 잘 안다. 그러나 그것은 너무나 인위적인 나눔법이 아닌가 생각된다. 말이 신년이지 겨울의 한복판에 위치해 있고 자연적으로나 계절적으로 무엇 하나 새롭게 달라지는 것이 없다고 생각되기 때문이다. 공연히 공공요금만 잔뜩 오르게 하고 덩달아 모든 물가까지 함께 뛰어 서민생활의 위축과 부담만 가중시켜 주는 결과를 가져오기 때문이다. 그러나 3월은 명실공히 새롭게 시작되는 것이 많다. 계절적으로 1년의 시초인 봄이 시작되는 달이고 그래서 새싹들이 돋아나기 시작하고 여러 가지 꽃들이 그 아름다운 자태를 드러내기 시작한다. 그런가 하면 1년 농사는 3월부터 시작되고, 1년의 공부는 3월부터 개학되고, 입학하는 것, 학년이 달라지는 것도 3월부터 시작된다. 그런 점에서 3월은 자연현상이나 인간생활에 있어서 크게 달라지고 새롭게 시작하는 전환점이요, 시발점이 된다는 점을 인식해야 될 것이다.

둘째로 3월은 희망의 달이란 점을 들 수 있다. 이 점에 있어서는 정월달도 마찬가지라는 생각이 들지만 3월 또한 그에 못지않게 희망이 가득 찬 달이다. 봄기운이 왕성해지면서 만물이 소생하게 되고 삼라만상이 기지개를 켜게 되고 그래서 산야를 달리게 되면 공연히 우리들 마음은 들뜨게 되고 무엇인가 꼭 이루어질 것만 같은 환상 속에 빠지게 된다. 이런 점은 나이 먹은 사람들이라고 해서 다를 것이 없다. 비록 나이는 먹고 몸은 늙어가지만 봄이 되면 새로운 출발을 하게 되고 새로운 희망을 갖게 되고 새로운 인생 설계를 하면서 삶을 영위해 나가게 된다. 농부들은 밭에다 씨앗을 뿌리고 가을철의 풍성한 수확을 기대하면서 살아가게 되고, 우리들은 자신의 삶을 새롭게 시작하면서 커다란 소망이 반드시 이루어지리라는 기대감을 갖고서 살아가게 마련이다.

셋째로 3월은 준비의 달이라 할 수 있다. 이 문제는 앞에서 이야기한 <시작의 달>이란 점과 상통하는 바가 많다고 생각된다. 그 유명한 「명심보감」의 입교편을 보면 다음과 같은 내용이 있다. "일생의 계책은 어릴 때에 있고, 1년의 계책은 봄에 있고, 1일의 계책은 새벽녘에 있다. 어려서 배우지 않으면 늙어서 아는 바가 없고, 봄에 갈지 않으면 가을에 바랄 것이 없고, 새벽녘에 일어나지 않으면 그 날의 할 일이 없다." 얼마나 이치에 맞고 타당한 말인가. 명심보감의 인용문 그대로 인생을 어떻게 살아갈 것인가. 성공할 것인가, 실패할 것인가의 여부는 어린시절 자기 자신이 얼마나 준비하고 노력했느냐에 달려 있다. 그리고 1년의 계책은 봄에 있다고 했다. 봄은 그처럼 한 해를 살아갈 수 있게끔 모든 것을 준비하는 달이다. 그 중에서도 봄의 시작인 3월을 준비의 달로 규정하는 것은 너무나 당연하다고 본다.

넷째로 3월은 기를 펴고 사는 달이라고 할 수 있다. 삼라만상은 겨울잠에서 깨어나 툭툭 털고 일어서고, 사람들은 무거운 옷을 벗어던지고 가볍고 산뜻한 옷으로 갈아입으며, 기나긴 삼동 동안 잔뜩 위축된 생활을 하다가 기를 펴고 활개 치며 살게 된다. 사실 겨울철은 휴면의 계절, 어렵고 괴로운 계절, 위축되어 웅크리고 사는 계절이라고 할 수 있다. 그러기에 이육사는 그의 작품 절정에서 "어디에다 무릎을 꿇어야 하나 한 발 재겨 디딜 곳조차 없다 / 이러매 눈감아 생각해 볼 수밖에/ 겨울은 강철로 된 무지갠가 보다"라고 노래했을 정도다.

여기 육사의 작품에서 겨울이 의미하는 것은 한 발 재겨 디딜 곳조차 없는 위축된 생활을 의미하고, 일제 강점기의 숨 막히는 식민지 생활을 은유한 것이다. 다시 말해서 겨울철을 일제 식민지 상황에 비유했다고 본다면 다가올 봄은 해방된 조국의 자유로운 생활을 의미해 주는 것이다. 또 사람들의 일생에 비유해 보아도 봄철이 유년기에 해당된다면 겨울철은 이미 타계한 저승 세계를 의미한다고 해석된다. 봄이 되면 삼라만상은 기지개를 펴면서 일어서게 되고 우리 인간들은 기를 펴고 자유롭게 활보하며 살아가게 된다는 것은 너무나 잘 알려진 평범한 진리가 아니겠는가.

다섯째로 3월은 만남의 달이라 할 수 있다. 이미 앞에서 언급한 바 있지만 3월이 되면 우리들은 너무나 다른 상황들과 만나게 된다. 겨울철에 보기 어려웠던 아름다운 꽃들이 다투어 피는 모습을 만나게 되고, 땅 속에 숨어있던 새싹들이 파릇파릇 돋아나는 모습들을 만나게 되고, 얼어붙었던 강물이 녹아 흐르면서 즐겁게 노래하는 모습들을 만나게 된다. 농부들이 밭을 갈고 씨앗을 뿌리는 모습, 여기저기 논바닥에는 못자리 하는 모습, 그리고 일년 농사를 위하여 분주하게 움직이는 모습들을 만나게 된다. 대기업체나 큰 회사에 취업한 신입사원들의 출근하는 모습, 학교에 새로 들어간 신입생들이나 재학생들이 반을 달리하면서 새로운 친구들을 만나는 모습, 새로운 학급 담임, 새로운 교과 담임을 만나는 모습들을 바라볼 수 있는 것이 3월 달의 정경이다. 또 3월이 되면 청춘남녀들이 새로운 파트너를 만날 수 있는데, 이러한 남녀 간의 만남도 3월 달에 이루어져야 성공률이 높다는 것을 첨언해 둔다.

이제까지 3월의 의미에 대하여 여러 각도로 생각해 보고 중언부언해 보았거니와, 실제로 3월보다 우리들에게 큰 의미를 주는 달은 많지 않을 것이다. 그렇더라도 이러한 의미들을 잘 살리기 위해서는 우리들 각자가 성실하게 준비하고 열심히 노력하는 길밖에 없다. 다시 한번 3월의 의미를 되새기고 새해의 새로운 설계, 인생의 새로운 설계를 하면서 보람되게 살아가자고 제언해 본다.

불행을 예방하는 방법

대부분의 사람들은 남의 불행을 강 건너 불구경하듯 한다. 저런 나쁜 일들은 남한테만 일어나는 것이고, 나와는 전혀 상관없는 것이고, 나에게는 그런 큰일들이 절대로 일어나지 않을 것이라고 믿는다. 이것이 얼마나 큰 환상이요 착각이란 것은 실제로 당해보지 않은 사람들은 모를 것이다. 나도 신문지상이나 텔레비전 화면을 통하여 수많은 교통사고가 일어난 사실을 알고 있었고, 사람들이 죽거나 크게 부상당한 사실을 목격하였고, 차들이 찌글어 들어 참혹한 광경을 연출한 모습을 수없이 보아왔다.

그럴 때마다 저런 것은 일상적으로 늘 일어나는 일이라 생각하면서 아무렇지도 않은 듯이 넘겨버렸다. 그리고 서울 시내를 돌아다니다 보면 위급한 환자를 싣고 사이렌을 울리면서 달려가는 응급환자 수송용 구급차와 119구조대차가 지나가는 것을 수없이 보았지만 그야말로 남의 일 보듯 했고 아무렇지도 않은 듯이 넘겨버렸다.

그러나 어찌하랴! 사고와 질병은 지금 살아가는 모든 사람들에게 언제 닥칠지 모르는 큰 환란이요 재앙이란 것을 깨닫지 못하고 살아왔으니… 더구나 나도 그 중의 한사람이요 예외가 아니란 것을 모르고 살아왔으니, 생각하면 내 자신이 얼마나 어리석고 미련했는지 부끄럽기 짝이 없다. 그러고서도 저 잘난 줄 알고 남을 무시하고 우쭐대고 제 생각만 옳다고 주장했으니, 우주를 창조한 하느님이나 초월적인 존재들이 볼 때 얼마나 가소로웠겠는가. 그래서 정신 좀 차리게 해주느라고 2000년 2월에 나에게 큰 벌을 내리었다. 부모님을 모시고 자가운전을 하면서 고향에 가다가 교통사고를 일으켜 대장이 파열되었고, 한때는 의식 불명 상태가 되었고, 그래서 대 수술을 두 번 받았고, 그 다음에도 갖가지 후유증에 시달렸다. 그 당시 나는 자신도 모르게 119구조차에 실려 갔었다. 그래도 내가 당한 것은 참을 만한데 아무 죄 없는 부모님까지 비운을 맞았으니, 이 불효막심한 죄 천벌을 받아 마땅하다고 생각한다.

산을 보면 높은 고개가 있고 깊은 골짜기가 있다. 바다에도 날씨에 따라 잔잔할 때가 있고 태풍이 몰아치면서 성난 파도를 일으킬 때가 있다. 맑고 푸른 쾌청한 날이 있는가 하면 비가 쏟아지고 바람 부는 궂은 날이 있다.

사람이 살아가는 길에도 이러한 우주 자연의 섭리가 그대로 적용된다. 깊은 계곡을 헤매거나 거센 풍랑을 맞이하거나 궂은 날씨와 씨름을 해야 하듯이, 우리들이 살아가는 길에도 불행과 절망과 비극이 어느 곳에선가 기다리고 있다는 사실을 깨달아야겠다. 그러니 나도 언젠가는 불행해질 수 있다는 것을 깨닫고 조금은 겸허하게, 가능하면 양보하고, 남들을 이해하면서 살아가는 것이 그 불행을 조금이라도 예방하는 첩경이라 생각한다.

등화가친의 계절

　여름은 더워야 하고 겨울은 추워야 하는 것이 하나의 상례다. 그렇지만 여름이 지나치게 덥거나 겨울이 지나치게 추우면 이것은 기상이변이 되고, 그러한 이상 기후는 예기치 않았던 돌발 사태를 야기 시킨다는 점에서 바람직한 현상이라고 이야기 할 수는 없다. 그런 점에서 지난 여름의 찜통더위는 상상을 초월하는 기상이변이었다. 50년래의 제일 크고 오랜 가뭄이었다는 설도 있고 기상 관측을 시작한 이래 제일 높은 온도를 기록했다는 설도 있으니 얼마나 무서운 더위였는가 하는 점은 짐작이 가고도 남는다. 지난 여름의 오랜 가뭄으로 인해 전국이 가뭄 극복 작전으로 떠들썩하고 시끄러웠던 일은 지금도 기억이 생생하다.

　그리고 대구가 39.5도 서울이 38.5도 등 유례없는 더위 기록을 남겼는데, 그 외중에서 살아남은 것만도 기적이라 할 정도로 고생이 많았다. 그래서 사람들을 만날 때나 전화 통화를 하게 될 때마다 이 더위에 어떻게 지내느냐고 묻는 것이 정해진 인사말처럼 되어 버렸다. 학교 연구실에 있어도 찜통 속에 들어간 것 같았고, 저녁에 교수 아파트에 있어도 찜통 속에 있는 것 같았고, 주말마다 서울에 올라와서 보금자리에 들어앉았어도 여전히 찜통 더위에 시달려야만 했다.

이처럼 무섭게 덥다보니 에어컨이나 선풍기가 날개 돋친 듯이 팔려나가 몇 년 전의 재고까지 동이 났다고 한다. 그리고 저 태평양 한가운데나 필리핀 쪽에서 북상해 오던 태풍도 우리나라 근처에 오면 더 접근을 못하고 사라져 버렸다고 하니, 그 더위의 위력은 상상을 초월할 정도로 대단했다고 하겠다.

하여간에 지난 여름의 폭서 때문에 매년 농작물에 발생하던 병충해가 금년에는 전혀 발생하지 않아 농약을 주지 않고도 자연스럽게 풍년이 들었다는 이야기가 전한다. 나는 어려서부터 삼복염천이니 염장군이니 하는 말을 많이 들어왔는데, 금년 여름은 줄잡아도 50여 일간 그 삼복염천 속에서 살았고 그 염장군의 지배 하에서 갖은 고생과 시련을 겪었다고 생각된다.

그러나 봄이 가면 여름이 오고 여름이 가면 가을이 오듯이 그 무서운 폭서 장군도 언제까지나 위세를 떨칠 수 있는 것은 아니다. 어느새 한발 앞으로 성큼 다가선 가을. 아침저녁으로는 제법 선선해져서 세월 무상을 느끼겠고, 자연 순환의 섭리가 얼마나 엄정한 것인가를 다시금 깨닫게 한다. 하늘은 높고 푸르러져 천고마비지절이란 것을 실감할 수 있겠고, 그 짙푸르던 산천초목과 널따란 들판이 더위와 함께 한풀 꺾여서 누르스름한 가을빛으로 변해가고 있다.

그런가 하면 가을의 전령사 귀뚜라미와 베짱이 우는 소리가 나그네 가슴을 더욱 애처롭게 만든다. ‘天高馬肥之節’이라고 하는데, 이것은 그 무서운 폭서장군이 물러가고 가을이 오게 되면 하늘은 드높아지고 날씨는 선선해져서 특별히 좋은 음식을 먹지 않아도 몸은 살찌게 되고, 그 무서운 염장군한테 시달림을 받지 않아도 되니, 심신이 저절로 상쾌해져 살찔 것 같다는 데서 나온 말일게다. 사실은 ‘天高人肥’라고 해야 할 텐데, 양반 체면에 어찌 사람이 살찐다는 말을 사용할 수 있겠는가. 그래서 '天高馬肥'라고 슬쩍 빗대어 표현한 격언으로 생각된다. 또 실제로 가을이 되면 말도 피둥피둥 살쪄 보이고, 그밖에 모든 동물들도 살찐 것 같아서 한결 윤택해 보인다. 그런 의미에서 고산 윤선도는 물고기가 살찐다고 하면서 '수국에 가을이 되니 고기마다 살져 있다 / 만경 징파에 슬카지 용여하자 / 인간을 돌아보니 머도록 더욱 좋다'라고 하는 <어부사시사>를 노래했던 것으로 안다.

하여간에 가을을 '천고마비지절'이라 할 것이 아니라, '등화가친지절'이라 해야겠다. 다시 말하면 독서의 계절로 삼아야겠다는 이야기인데, 이것은 예부터 책읽기를 권장하는 의미에서 가을을 '독서의 계절'이니 '등화가친지절'이니 하고 일컬어 온데서 연유된 말이고, 필자가 다시 한 번 강조하기 위해서 내세운 말이다. 아무리 양서를 구해서 책을 많이 읽고 싶어도 지난 여름처럼 더위가 기승을 부려서야 어찌 가만히 앉아서 책읽기에 열중할 수 있겠는가. 이제 아침저녁으로 제법 선선한 기운을 느끼겠고, 풍년 든 들판이나 멀고 가까운 산 등에 가을빛이 완연하니 책 읽기에 얼마나 좋은 계절인가.

그런데 요즈음 우리나라 사람들이 책을 읽지 않는다는 보도가 심심찮게 나오고 있다. 작년에는 문화체육부에서 '책의 해' 라고 지정하면서까지 독서 대운동을 전개했으나 기대했던 것만큼 성과를 거두지는 못했던 것 같다. 필자는 출판사 사장들을 몇 사람 알고 있는데, 이들의 한결같은 이야기가 책을 만들어 내도 팔리지 않아 걱정이 태산같다는 푸념이다.

그렇더라도 책을 안 만들 수는 없고, 만들어 내면 팔리지는 않고, 그래서 큰 창고 같은 서고에 안 팔린 책들이 산더미처럼 쌓여있다는 이야기다. 심지어 대학생들도 책을 읽지 않는 경향이 있고, 학교에서

선택된 교재마저도 사지 않고 복사해서 쓰는 것이 일반적 경향이라고
한다.

　그러면 왜 우리의 선인들이나 오늘날의 뜻있는 사람들이 책 읽기
를 권장하는가? 좋은 음식물을 섭취하면 우리의 육체를 살찌게 하지
만 좋은 책을 골라서 읽으면 우리의 마음을 살찌게 하기 때문이다.
우리가 편식을 하면 영양을 골고루 섭취하지 못해서 병약한 사람이
되듯이, 우리의 마음을 살찌게 하지 못한다면 인격과 덕망을 갖춘 조
화로운 인간이 되지 못하기 때문이다. 그러니 밤새워 독서 하지 않고
어쩌겠는가. 이제 온누리에 가을빛이 완연해졌으니, 하늘은 높고 푸르
고 흐르는 물은 맑고 푸르다. 아울러 사람들이 살아가기에 가장 쾌적
한 계절을 맞이했으니, 우리 모두는 책을 읽기 위하여 '燈火可親'해
보자. 그래서 천고마비지절로 알려진 가을을 '天高心肥'의 계절로 바
꿔놓는데 우리 모두 앞장서자고 힘차게 외쳐본다.

음지를 보면서 살자

백화점에 가면 그 커다란 매장에 층층마다 다양한 물건들을 산더미처럼 싸놓고 판다. 어떻게 그 많은 상품들을 누가 그처럼 훌륭하게 만들어 냈을까. 나처럼 물건에 대한 욕심이 별로 없는 사람도 그것들을 살펴보노라면 사고 싶은 충동을 느끼게 된다. 그 물건들을 파는 젊고 싱싱한 아가씨들 또한 그곳을 찾는 사람들의 마음을 즐겁게 한다. 물건도 다양하고 좋고 많지만 백화점을 찾는 사람들은 얼마나 많단 말인가. 그야말로 발 디딜 틈 없이 모여들어 구름처럼 모여들었다고 해도 좋고 인산인해를 이루었다고 해도 좋다.

그처럼 많은 사람들이 손에손에 물건꾸러미를 들고 다니는 것을 보면 무엇인가는 한 가지 이상씩 산 것으로 생각된다. 어떤 사람들은 그 비싼 물건들을 돈 아까운 줄 모르고 아무런 거리낌 없이 이것저것 사서 배달시킨다. 그러니까 이곳에 와보면 사람들은 모두 돈 잘 쓰는 것 같고 전부 부자인 것 같아 경제가 어렵다는 말이 거짓말처럼 느껴진다. 1997년 12월에 IMF가 터지고 경제가 추락해서 국민 전체가 큰 고통 속에 신음하고 시련을 겪은 적이 있었는데, 그것은 까만 옛이야기가 되어 버렸으니, 사람들의 건망증이 너무 심하다는 말밖에 달리 표현할 방법이 없다.

이처럼 다양한 상품들이 산더미처럼 싸여있고, 그 물건들을 사기 위하여 사람들이 구름처럼 모여들었고, 거기에서 상행위가 활발하게 이루어지는 것을 보면, 그야말로 생동감을 느낄 수 있고, 살아있다는 보람을 느낄 수 있고, 자본주의의 실상을 그대로 볼 수 있고, 물질문명과 황금만능주의의 발달을 실감할 수 있다. 그러나 파는 자와 사는 자 사이에는 오로지 이해관계만이 설정되어 전자는 조금이라도 더 받으려하고, 후자는 조금이라도 덜 주려고 하는 갈등이 조성되어 남을 돕고 이해하려는 훈훈한 정을 맛볼 수 없어 아쉬웠다.

그렇더라도 이 백화점에서 보고 맛보고 느끼고 상행위가 활발하게 이루어지는 광경은 우리 인간 삶의 밝은 면을 비춰주는 거울이다. 다시 말해서 자연 현상 중의 양지와 음지가 있는데 바로 그 양지쪽에 해당한다는 이야기다.

우리 인간 생활에는 밝고 싱싱한 장면이 있는가 하면 어둡고 괴로움에 시달리는 사람들이 많다는 사실을 감지해야겠다. 다시 말해서 음지에서 고통 받고 괴로워하고 신음하는 사람들이 더 많다는 이야기다. 내가 병원에 있을 때 얼마나 많은 환자들이 갖가지 질병과 사고로 인해서 아픔을 호소하고 불편해하고 신음했는지를 목격하였다. 교통사고로 사지와 내장을 다쳐서 고통과 절망 속에 살아가는 사람들은 얼마나 많으며, 건강관리를 잘못해서 신체의 중요한 부분을 수술 받고 고통과 절망 속에 떠는 사람들이 얼마나 많았는지는 헤아릴 수 없을 정도였다. 어디 그뿐인가. 한국국제기아대책기구, 대한노인복지후원회, 한국장애인기업협회 등 각종 사회복지단체에서 나 같은 사람에게도 매월 성금을 내달라고 지로 용지를 보내고 있는 형편이다. 나는 이들 기구에 돈을 보낼 때도 있고, 보내지 못할 때도 있었다. 얼마나

형편이 딱하고 어려운 사람들이 많으면 이런 기구들이 생겨서 모금운
동을 펼치겠는가. 이처럼 자연에도 양지와 음지가 있듯이, 사람들이
살아가는 모습에도 엄연히 양지와 음지가 존재하고 있는 것이다. 그
런데 그 동안 나는 너무 양지쪽만 바라보고 생각하면서 살아왔다. 이
제는 음지쪽을 더 바라다보고 생각하고 미력이나마 힘을 보태는 것이
사람 된 도리를 다하는 길이라고 생각의 틀을 바꾸어야 할 때가 왔다
고 생각한다.

감사하는 마음

월요일의 출근을 위해서 청주행 고속버스에 몸을 실었다. 내 삶의 터전이 지방에 있는지라 월요일 아침에 학교에 갔다가 목요일 오후에 서울로 돌아오는 반복된 생활을 10년째 계속하고 있는 것이다. 그러나 내 직장이 있는 그곳을 객지라 생각 한 적은 한 번도 없었고 이처럼 서울과 지방을 번갈아 왕래하면서도 괴롭다거나 피곤하다고 생각 한 적은 더더구나 없었다. 그곳에 가면 희망과 젊음이 넘쳐흐르는 학생들이 나를 반겨 주고 내가 하고 싶은 일들을 마음껏 할 수 있는 시간과 공간이 마련되었고 나와 내 가족들을 먹고 살 수 있게 해주는 일터가 기다리고 있는데 어찌 귀찮다거나 괴롭다거나 피곤하다는 생각을 감히 할 수 있겠는가!

어떤 이는 직장이 너무 먼 곳에 있다고 생각 할 수도 있을 것이다. 그러나 대전이나 대구, 심지어는 마산 진주까지 매주 오르내리는 사람들이 있는데, 그에 비하면 내 직장이 있는 청주는 얼마나 가까운 거리인가. 그리고 많은 사람들이 여행하기를 좋아하는데 나는 일부러 여행할 필요 없이 매주 자동적으로 여행하게 되고, 여행하는 기분을 만끽하게 되니 그 얼마나 다행스러운 일인가. 중부 고속도로를 타고 오르내리면서 차창 밖으로 바라다보는 우리들의 산야는 그야말로 진경산수화를 구경하는 것만큼이나 아름답고 감동적인 장면이 연출된다. 산을 지났는가 하면 또 다른 모습의 산들이 나타나고, 들판을 지났는가 하면 더 넓고 아득한 평야 지대가 나타나고, 여기저기 산재한 농촌 마을은 그저 아름답고 평화롭게만 보이니, 내 마음은 언제나 안정되고 즐겁고 새로운 기분을 유지할 수 있는 것이다.

어디 그뿐인가. 그 진경산수화들이 똑같은 모습만 보여준다면 싫증날까봐 계절에 따라 시간 따라 또 다른 모습을 하고 나타나는데 감탄사를 연발하지 않을 수 없다. 우리들의 자연은 똑같은 모습에다 똑같은 색깔을 하고 있는 것이 아니라 바라보면 바라볼 때마다 그 자태와 표정을 달리하고 있으니, 그처럼 아름답고 진기한 산수자연을 일주일에 두 번씩 감상하면서 살아가는 것만으로도 나는 그저 선택되고 복받은 사람이라고 감사하면서 살아가야 된다. 어떤 이는 나에게 이런 주문을 던지기도 한다. "지방에만 있지 말고 서울에 있는 대학으로 자리를 옮길 수는 없느냐"라고 그러나 나는 서울에 있는 대학으로 옮길 수도 없지만 옮길 필요도 없다고 생각한다. 왜냐하면 서울로 자리를 옮기게 되면 좀처럼 지방 나들이를 하지 않게 되어 그야말로 공해와 소음과 복잡한 인간관계로 찌든 도시인이나 소시민으로 전락하고 말 테니까…

일주일의 절반은 하늘 높이 치솟은 도심의 빌딩가를 누비고 다니는 도시인이 되었다가 그 절반은 하늘과 바람과 별들이 속삭이고 우거진 숲 속에서 내뿜는 싱싱한 향기를 맡는 자연인이 되어 살아가고 있으니 그야말로 일거양득이 아니고 무엇이겠는가. 도시와 농촌, 인공과 자연, 복잡한 곳과 한산한 곳, 최첨단 과학의 혜택을 받는 곳과 그러하지 못한 곳 사이를 마음대로 누비면서 살아가고 있으니 나는 남들과 똑같은 생애를 살아가면서도 곱빼기 인생을 살아가고 있는 것이다.

　이러한 공상을 하면서 또 다시 차창 밖을 바라다보니 그 넓은 들판에 모내기 작업이 한창이다. 엊그제까지만 해도 시커먼 흙이 그대로 노출되었던 자연 그대로의 들판이었는데, 어느새 새파란 옷으로 갈아입고 보는 이들의 마음마저 살찌게 하는 희망의 들판으로 바뀌고 있는 것이다. 나는 저 모내기하는 희망의 들판을 바라보면서 나의 일터가 서울에 있지 않고 지방에 있다는 것을 다시 한 번 감사하게 생각하였다. 그리고 웬만한 것은 부정적으로 생각하지 말고 긍정적인 인생관을 가지고 여유롭게 살아가야겠다고 다짐하였다.

벤처문학

벤처기업이라는 말은 많이 들어 봤어도 벤처문학이라는 말은 들어 본 예가 없다. 그러나 벤처기업이 존재하고 그런 말을 사용할 수 있다면 문학이라고 해서 벤처문학이라는 말을 사용할 수 없다는 논리는 성립 안 된다. 나는 신문지상이나 텔레비전을 통해서 벤처기업이라는 말을 수없이 들어 왔어도 그 뜻을 정확하게 모른다. 또 내가 기업가나 사업가가 아니기 때문에 그 뜻을 알아내려고 노력하지도 않았다. 이 벤처기업이라는 말이 유행어처럼 쓰인 것은 우리나라에 IMF가 터진 이후 대량 실업사태가 벌어지면서 새로운 아이디어를 짜서 기업을 만들고 일자리를 창출해 내자는 뜻에서 생긴 것 같다. 하여간에 예전에 하던 방식 그대로 사업을 하고 돈을 벌려고 한다면 잘 안되니까 모험적이기는 하나 새로운 생각과 새로운 방식으로 남다른 사업을 해야 돈을 벌 수 있지 않겠느냐는 발상인 것 같다. 그런데 이 벤처기업이라는 용어는 IMF 이전에는 별로 사용된 바 없고, IMF 이후에 유행어처럼 번졌으며 현재까지도 이 말이 상당한 위력을 가지고 사용되는 것을 보면 벤처기업을 창업하거나 그 업종에 종사하는 사람들이 상당히 많다는 것을 의미한다.

그렇다고 벤처기업을 하는 사람들은 모두 돈을 벌고 그런 사업을 하지 않는 사람들은 모두 돈을 벌지 못했다는 논리는 성립 안 되기에 어떻게 하는 것이 기업가로서 또는 사업가로서 성공할 수 있는 것인지 그 해법이 막연하다고 하겠다. 어떻든 벤처기업을 창업해서 수십억대의 돈을 번 사람들도 있고 쫄딱 망한 사람들도 있다고 하는데 왜 그러한 차이점이 나타나는지 대단히 궁금하다. 이처럼 벤처라는 말을 사용해서 글을 쓰고 있지만 그 뜻을 잘 모르겠기에 모 대학 동창회보에 실린 내용을 인용해가면서 그 뜻을 되새겨 보고 문학과의 연계성 문제를 짚어 보고자 한다.

벤처기업이라는 말은 흔해졌지만 아직도 그 규정은 분명치 않다. 어떤 전문가는 벤처기업의 특징으로 다음과 같은 다섯 가지를 들고 있다.

신기술 또는 새로운 아이디어로 시장을 개척하고자 하는 회사, 철저한 기업가 정신으로 개인의 목적보다 회사의 성공을 위해 모든 것을 쏟아 붇겠다는 사람들이 세운 회사, 연구개발을 중시하고 적극적으로 시장 개척을 하고 있는 회사, 개인적인 이익보다 다수의 이익을 생각하는 사람들이 모인 회사, 모험심이 있는 젊은 연구원, 학생, 직장인이 세운 회사, 그렇게 다섯 항목을 들지만 자세히 보면 핵심어는 두 가지로 요약할 수 있다. 첫째 벤처기업의 주체는 모험심과 기업가 정신이 뚜렷해야 한다는 점이다. 둘째 벤처기업은 상업동기를 회사의 성공과 다수의 이익에 두어야 한다는 점이다.

이제 벤처기업의 의미를 자세히 알아보았거니와 기업과 문학은 너무나 이질적이기 때문에 완전히 일치할 수는 없지만 벤처기업의 특징을 그대로 벤처문학에 적용해 볼 수 있다고 생각한다. ① 벤처기업은 신기술 또는 새로운 아이디어로 시장을 개척해야 된다고 했는데, 벤처문학 또한 기존의 형식과 내용을 답습할 것이 아니라 새로운 기법, 새로운 착상, 새로운 형식과 내용이 요청된다는 점에서 양자는 공통점이 많다. ② 벤처기업은 철저한 기업가 정신으로 개인의 목적보다 회사의 성공을 위해 모든 것을 쏟아 부어야 한다고 했는데, 여기서 다른 점은 기업은 여러 사람이 모여서 합동으로 한다는 점이고 문학은 어디까지나 개인의 문학적 역량에 따라 성패가 좌우된다는 점이다. 그러한 차이점은 양자의 특성상 어쩔 수 없는 일이고, 벤처문학 또한 철저하고 가열찬 문학정신이 요구되고, 벤처기업이 회사의 성공을 위해 모든 것을 쏟아 붇듯이 개인의 문학적 성공을 위해 자신의 모든 것을 희생하고 받쳐야 한다는 점에서 양자의 공통점은 인정된다고 하겠다.

③ 벤처기업은 연구개발을 중시하고 적극적으로 시장개척을 하는 회사라고 했는데, 문학 또한 꾸준히 새로운 기법과 이미지 형상화 방법을 연구하고 적극적으로 독자를 확보하고 넓혀나가야 한다는 점에서 역시 공통점이 인정된다. ④ 벤처기업은 개인적인 이익보다 다수의 이익을 생각하는 사람들이 모인 회사라고 했는데 문학이라고 해서 상업주의와 결탁하여 개인적인 이익만을 내세울 수는 없는 노릇이고, 다수의 독자들에게 즐거움과 깨달음을 주고 영원한 고전으로 남아야 한다는 점에서 그 추구하는 바가 같다고 하겠다.

⑤ 벤처기업은 모험심이 있는 젊은 연구원, 학생, 직장인들이 세운 회사라고 했다. 문학은 비교적 보수성이 강한 장르이기는 하지만 시대의 변화에 따라 새로운 실험의식과 꾸준한 연구개발이 요청된다는 점에서 벤처기업과 마찬가지로 벤처문학 또한 새천년 새 시대를 선도해 나갈 첨단적이고 예언자 적인 역할을 담당해야 할 것이다. 그리고 벤처기업의 주체는 모험심과 기업가 정신이 뚜렷하고, 창업동기를 회

사의 성공과 다수의 이익에 두어야 한다고 했다. 그러나 문학이라고 해서 이와 다른 것이 무엇이 있겠는가. 문학을 하는 사람 또한 성공 여부를 떠나서 모험심이 강하게 요구 되고 투철한 프로 정신이 요구 된다. 또한 자신의 문학적 성과를 거두는데 만족할 것이 아니라 대다 수 민중들에게 공감을 주고 큰 반향을 불러 일으켜야 한다는 점에서 기업정신이나 문학정신이나 다를 것이 없다. 그러니 IMF 이후 벤처기 업이 각광을 받고 성공을 거둔 이가 많았던 것처럼 새천년 뉴밀레니 엄시대에는 과거에 경험했던 모든 문예사조와 문학 양태를 극복하고 변증법적 발전을 기하기 위해서 벤처문학이 절실하게 요구된다는 사 실을 강조해 둔다.

일회용 상품시대

과학문명의 발달로 말미암아 인류 생활은 점점 더 풍요로워지고 편리해졌다. 농촌의 형편을 보면 집집마다 전기가 들어오고, 도시가구와 마찬가지로 가전제품을 사용하고, 심지어는 자가용을 보유하고 있는 집들도 상당수 생기게 되었다. 그 힘든 농사짓는 일도 트랙터의 힘을 빌려 옛날보다는 육체노동을 덜하게 되었다. 벼를 심고 논을 매고 가을걷이하는 방법이 기계화되었고, 보리 고개라는 말이 국어사전에서 사라지고 고어 노릇을 하게 되었다.

이에 비하면 도시가구의 생활은 훨씬 더 편리하고 풍요로워져 농촌 인구의 도시 집중화 현상까지 가져오게 되었던 것이다. 전체적으로 가계 소득이 향상된 것은 물론이고, 제반 편의 시설을 갖추어놓고 풍요로운 생활을 하게 되었다. 더구나 서울과 같은 대도시에는 매호마다 자가용 한 대씩 보유할 정도이고, 그래서 서울의 그 넓은 도로망에는 자동차 홍수를 이루게 되었고, 심지어는 서울의 주택가 뒷골목마다 주차장화 하는 현상까지 빚게 되었다. 교통 시설, 통신 시설, 컴퓨터 시설의 발달과 신속 정확한 보도를 자랑하는 언론 매체들의 역할과 쾌적한 문화공간의 확대는 현대인들의 생활 패턴을 완전히 바꾸어 놓게 되었다.

　하여간에 인간들의 생활은 편리할 대로 편리해져 모든 것이 기계화 자동화 산업화하기에 이르렀던 것이다. 이처럼 편리한 것이나 계속해서 추구한 나머지 그 반작용 또한 심각한 경지에 이르렀던 것이니, 사람들이 힘들여 일하기 싫어하는 3D현상까지 일어나게 되었다. 힘든 일 어려운 일 더러운 일을 기피하는 현상이 사회 전반에 만연되어 실업자는 늘어나면서도 기업체에서는 구인난에 허덕이는 기현상을 가져오고야 말았던 것이다. 이러한 현상은 특히 일부 젊은 층에게 만연되어 열심히 일할 생각은 하지 않고, 그저 적당히 무위도식하려는 인간들만 양산하게 되었다. 나중에야 어떻게 되든 간에 우선 편하고 보고, 우선 배불리 먹고 보고, 남의 돈을 꾸어서라도 펑펑 쓰고 보고, 결과는 생각하지 않고 우선 놀고 보자는 사고방식이 전염병처럼 번져 가고 있는 것이다. 이들은 기성세대들이 해주는 충고를 한갓 잔소리로만 치부하고 전혀 들을 생각을 하지 않는다.

　인간들의 생활은 편리할 대로 편리해져 한번만 쓰고 버리는 1회용 상품이 인기를 끌게 되었다. 전국 곳곳에 우후죽순처럼 설치되어 있는 자판기에서 커피를 비롯한 각종 음료수를 빼 마시면 모두가 한번만 쓰고 버리게 되어 있는 물건들이다. 일회용 칫솔, 일회용 주사기, 일회용 면도기 등등… 아마 이런 식으로 나열해 나가자면 오히려 지면이 모자랄 정도이니 현대인의 생활 방식이 그 옛날에 비하여 얼마나 편리해졌는가.

　하여간에 한번만 쓰고 버리게 되어있는 일회용 상품들이 너무나 많이 사용되고 있다. 그런데 문제는 이러한 1회용 생활 패턴이 물건을 사용하는 데만 그치지 않고 인간관계를 형성해 나가는 데도 그대로 적용되어 공식화 한다는 데에 있다. 친구지간에도 이용 가치가 있으면 자기의 살이라도 베어 먹일 듯이 친절하게 굴다가도 그 상대가 별 볼일 없게 되면 언제 그런 친구 사귄 적이 있었느냐 하는 태도로 표변하고 만다. ‘붕우유신’이란 말은 고전에나 나오는 용어에 불과하게 되었으니, 어찌 서글픈 생각이 들지 않겠는가. 이러한 현상이 오직 친구 관계에서만 빚어진다면 그래도 자그마한 희망은 있는데, 인간과 인간 사이의 모든 관계가 이 모양으로 변화되어 가고 있으니 더 큰 문제라고 생각 된다. 동료관계, 친지 관계, 심지어는 사제 관계까지도 1회용 상품들처럼 쓰다버리는 관계로 정립되어가고 있다.

해마다 제자들 중에는 나를 존경하고 따르는 학생들이 몇 명씩은 있게 된다. 내 인격에 감화를 받아서 그런 건지 내 학문에 존경심이 생겨서 그런 건지는 몰라도 몇 명이라도 나를 따르는 학생들이 있다는 것은 즐거운 일이고 가슴 뿌듯한 일이다. 그들은 자진해서 내 연구실 청소를 해주고, 이따금씩 시원한 음료수도 사다주고, 연말이면 정성들여 쓴 예쁜 카드도 보내주고 하니 얼마나 고마운 일인가.

어떤 때는 자신의 고민스러운 문제를 상담해 오고, 수시로 찾아와서 문안드리고, 때로는 논문 지도를 받겠다고 이 이야기 저 이야기를 하게 되니 자연적으로 친숙해지지 않을 수 없다.

그래서 그들을 애제자처럼 생각하게 되고, 우리 속담에 팔이 안으로 굽는다는 말이 있기는 하지만 다른 학생들보다는 애제자를 한 번 더 생각하게 되고, 그 애제자들한테 학점이 잘 매겨지는 것도 사실이다. 그래서 그들이 학교생활을 계속하는 동안 그들에게 관심을 갖게 되고, 그들의 편의를 보아주게 되고, 그들의 장래까지도 함께 걱정해 주는 때가 많게 된다. 그들도 이런 사실을 알기 때문에 연말이면 “그동안 지도해 주시고 사랑해 주신 은혜에 깊이 감사드립니다”라는 내용의 연하장을 보내기에 이르렀던 것이다.

　그러나 세월은 붙잡아 맬 수 없는 일, 그들은 소정의 학점을 따고 소정의 과정을 이수한 다음에는 화려한 졸업식을 치루면서 떠나게 된다. 그 동안 정들었던 제자들, 내가 사랑했던 제자들이 바람처럼 떠나가게 되니 얼마나 서글픈 일인가.

　그러나 가던 날이 바로 장날, 그들과 나와의 관계는 졸업식 날이 마지막 날이다. 일 년이 지나고, 이 년이 지나고, 삼년이 지나가도 전화 한 통화, 편지 한 장 보내오지 않는다. 연말이면 긴 사연을 엮어 정성들여 써 보내오던 연하장도 날아오지 않는다. 그러니까 나는 그들이 마음껏 이용했던 일회용 상품이었던 것이다. 그들이 재학 중에는 그들은 나를 이용할 가치가 있다고 생각했겠지만, 그들이 졸업하고 떠나간 후에는 그들은 나를 더 이상 이용할 가치가 없는 말하자면 별 볼일 없는 사람으로 생각했던 것이다.

　인간과 인간 사이의 관계에 정과 믿음으로 엮어지는 것이 중요한 것이 아니고, 이해관계로 정립해 나가는 것이 중요하다고 생각했던 것이다. 그들은 지금 일선 학교에 나아가 교사 생활을 하고 있는데, 그곳의 교장이나 교감한테 나에게 사용하던 수법을 재탕해 먹으리라고 생각하니 저절로 씁쓸한 웃음이 나온다. 지금도 내 연구실을 열심히 드나들면서 미소 짓는 그들의 후배 학생들이 몇 명 있는데, 나는 그들을 어떻게 대접해야 바른 대접이 된단 말인가. 내가 앞으로 몇 십번 몇 백번 일회용 상품 노릇을 하는 한이 있더라도, 나는 현재 내 방을 열심히 찾는 그들의 후배들을 항상 왕처럼 모시겠다는 각오를 다시 한 번 다짐해 두면서 이글을 마치는 바이다.

아차산과 건강

새벽 5시면 기계처럼 눈이 뜨인다. 그냥 누워 있자니 좀이 쑤시고 멍청해지는 것 같아서 어둠 속에 옷을 주섬주섬 입고 집을 나선다. 그렇게 일찍 잠에서 깨인다면 서재에 가서 공부를 해도 좋으련만, 원래부터 새벽 공부에 길들여진 적이 없으니 실현성이 없는 이야기다.

한 때는 신문이나 읽고 텔레비전을 보면서 아침 시간을 보냈지만, 지금은 그런 습관도 사라진 지 오래다. 그러니까 산에 가지 않는다면 그냥 눈을 감고서 구들장을 지고 막연하게 시간을 보낼 수밖에 없다. 그래서 옷을 주섬주섬 주워 입고 어둠 속에 대문을 나섰던 것이다. 시간은 오전 5시 30분 경, 그 때 아차산 약수터를 향해 가는데, 벌써 아침 등산이나 운동을 하고 내려오는 사람들이 있었다.

한 때는 밤잠을 못 이뤄 오전 4시경에 아차산을 다닌 적이 있는데, 그렇게 일찍 올라가도 거리에는 다니는 사람들이 있었고, 포장마차 안에서는 술 마시는 사람들이 있었고, 한 길에는 자동차들이 다녔고, 산에는 여전히 그 시간에도 올라가는 사람들이 있었다. 또 청소부 아저씨들이 길을 쓸거나 쓰레기봉투를 실어 나르는 모습도 볼 수 있었다. 요즘 목에다 핏대를 올려가면서 자기네들이 애국자라고 목청을

높이는 자들이 많고, 선전선동을 일삼는 자들이 많은데, 그런 사람들은 진정으로 나라와 민족을 사랑하지 않는다는 것을 내 60평생 경험으로 알았다.

진짜 애국자는 더우나 추우나 눈이 오나 비가 오나 바람이 부나 매일 이른 새벽에 일어나서 묵묵히 자기 일에 충실하는 저 청소부 같은 사람들인 것이다. 이런 생각을 하면서 산을 오르면 벌써 하산하는 사람들도 있으니, 그들은 도대체 몇 시에 일어나서 산에 갔단 말인가. 산에 가서 들어보면 3시에 온다는 사람, 4시에 온다는 사람, 5시에 온다는 사람, 6시에 온다는 사람 등 각양각색이다. 약수터까지 갔다 오는 사람, 장수샘까지 갔다 오는 사람, 아차산성까지 갔다 오는 사람, 팔각정까지 갔다 오는 사람, 대성암까지 갔다 오는 사람, 헬기장까지 갔다 오는 사람 등 각양각색이다.

작년에 밤잠을 이루지 못했을 때는 일부러 밤 11시 경에 아차산에 다닌 적이 있었다. 날씨는 어찌나 춥던지 두터운 잠바에 모자를 푹 내려쓰고 입마개를 하고서 한밤중에 올라갔던 것이다. 그런데 능선 쪽에서 한 30 여명의 교인들이 모여서 설교를 하고, 박수를 치고, 찬송가를 부르고 있었던 것이다. 그리고 부부가 올라오는 사람, 친구들끼리 올라오는 사람, 혼자서 올라오는 사람 등 심심찮게 사람들이 올라오는 모습을 볼 수 있었던 것이다.

그러니까 낮 시간은 그만두고 밤 시간대 어느 시간에 거리를 다니거나 산을 올라가 봐도 여전히 사람들이 운동을 하거나 활동하고 있으니 불가사의한 일이라 아니할 수 없다. 이들은 잠을 자지 않아도 되는 건지, 휴식을 취하지 않아도 되는 건지, 아니면 밤낮을 구분하지 않고 헤매는 건지 도무지 이해할 수 없었다.

나도 한 때는 4시 경에 올라간 적이 있었고, 6시 경에 올라간 적도 있었고, 아예 늦게 7시경에 산행을 한 때도 있었다. 그러나 지금은 매일 아침 5시 경에 올라가는 것으로 길들여진 것이다. 그리고는 약수터까지만 가서 운동기구에 매달리는 것이다. 그 곳에는 철봉 대신 매달릴 수 있는 링 2개, 역기, 윗몸 일으키는 틀, 허리 돌리는 틀 등이 구비되어 있다. 먼저 링에 매달려 몸을 좌우로 흔들면서 속으로 50까지 센다. 다음은 링에 매달려 몸을 전후로 흔들면서 50까지 센다. 다음에는 링의 기둥 2개를 잡고 몸을 전후로 왔다 갔다 하면서 30까지 센다. 이 운동은 어깨 운동과 팔운동을 하는데 적격이라고 생각했다.

그 다음에는 허리 돌리는 틀에 서서 앞에서 잡고 300번을 돌리고 뒤로 돌아서 잡고서 200번을 돌린다. 누가 그러는데 이 운동은 장에 좋다고 하였다. 그러나 한 100번 돌리고 말면 별로 효과가 없다는 것이다. 나는 매일 아침 500번 정도 허리 돌리기 운동을 하는데, 그 이후 위장·소장·대장의 기능이 훨씬 좋아졌다는 것을 실감할 수 있었다.

그 다음에는 윗몸 일으키는 틀 위에 누워 윗몸 일으키기 운동 10번을 한다. 이 운동은 특별히 어디에 좋은지 모르지만 허리가 유연해지고, 내 몸 안의 내장 전체를 좋게 해주리라 생각한다. 어떤 사람한테 들은 이야긴데, 이 윗몸일으키기 운동을 많이 했더니 불룩하게 나온 배가 쑥 들어갔다는 이야기를 들었다.

그 다음은 누워서 역기를 들고는 20번을 들어 올린다. 이 운동은 어깨를 유연하게 하고 팔심을 기르는데 최고이리라. 그 다음은 두 팔로 링을 잡고 매달려 속으로 100번을 헤아린다. 이 운동은 등뼈가 쭉 펴져서 디스크 예방에 좋다는 것이다. 그러나 무리하게 턱걸이를 하겠다고 몸을 들어 올리다 보면 목의 혈관이 터질 수 있으니 조심하라는 이야기다.

이처럼 아침 운동을 하고 집으로 돌아오는 길은 기분이 좋아 날아갈 것만 같다. 그 무겁게만 느껴졌던 다리가 가벼워져서 걸음걸이가 빨라진다. 또 이런 운동을 반복하고 나서는 불치의 병 불면증을 완전히 퇴치했다. 내가 근 20년 동안 그 지겹던 불면증에 얼마나 괴롭힘을 당하고 시달려 왔던가. 그 지긋지긋한 불면증을 고쳐 주었으니 내가 살아있는 한 이 운동은 계속될 것이다. 이사 가지 않고 구의동에 사는 한 아침 산행은 계속 될 것이다. 아차산은 내 건강을 지켜주는 수호신이다.

삶의 지혜를 찾아서

이제까지 많은 사람들을 대해보면 전부 잘나고 모두 똑똑한 것 같다. 개별적으로 만난 사람 중에는 너무 똑똑하고 영리해서 잘살 것 같고, 출세할 것 같은데, 돈이 없어 쩔쩔매고 인생의 밑바닥에서 허덕거리니 도무지 이해가 안 가는 사항이다. 그렇다고 그 사람들이 게으른가 하면 그렇지도 않고, 마음이 나쁜가 하면 그렇지도 않고, 노력을 안 하는가 하면 그렇지도 않다. 무엇으로 보나 누구보다도 잘 살아야 할 사람들이 허덕허덕하면서 고생하고 있으니, 사람의 삶이란 알 수 없다는 생각이 든다. 사실 이처럼 잘난 사람들이 전부는 아니겠지만, 몇 퍼센트의 저능아를 빼고는 모두가 잘난 사람의 부류에 속한다고 생각한다.

이렇게 잘난 사람들은 남에게 속지 않을 것 같고, 자기 손해 볼 일은 하지 않을 것 같고, '성공'이라는 단어만 있지, '실패'라는 단어는 없을 것 같은데, 실제로는 그렇지 않으니 묘하다는 생각이 든다. 필자는 여주에 유명한 무당을 알고 있는데, 그녀는 너무나 사람의 운명을 잘 맞춰서 원근각지에서 찾아오는 사람들이 많고, 심지어는 해외출장까지 가서 자신의 유명세를 이용하여 떼돈을 번 것으로 안다. 그처럼 남의 문제를 잘 알고 잘 맞추는 사람이 정작 자기 문제는 잘 몰라서 근 1억에 가까운 돈을 사기 당했다고 하니 아이러니가 아닐 수 없다. 그러니 무당을 속이고 사기 쳐서 돈을 앗아 먹는 그 인간은 얼마나 기상천외하고 똑똑하고 잘났단 말인가?

그러나 사람은 잘난 사람이든 못난 사람이든 어리석은 면을 지니고 있다. 인생에 대하여 잘 모르면서도 모두를 아는 것처럼 행세한다. 심하게 이야기하면 한 치 앞을 내다보지 못하는 것이 인간이다. 솔직히 1분 앞에 일어날 일만 미리 안다 하여도, 그처럼 끔찍한 사고나 재난은 면할 수 있을 것이다. 이처럼 잘 모르고, 어리석고, 지혜와는 거리가 먼 생활을 하기 때문에 인간은 고통을 당하는 것이다. 필자의 경우 며느리가 둘째 아이를 가졌는데, 지금 만삭이 되어 며칠 후면 출산할 예정이다. 그런데도 그 뱃속의 아이가 남자인지 여자인지 모르니 답답한 노릇이라 아니할 수 없다. 내가 아는 무당은 임신해서부터 지금까지 아들이라 장담했고, 가까운 곳에 있는 산부인과에서는 요즘 딸이라고 하니 어느 장단에 춤추어야 할지 모르겠다는 이야기다. 이처럼 잘 모르기 때문에 인간은 고통 속에서 살아가는지 모른다. 매사를 미리 잘 안다면 고통을 미리 예방하고 덜 당할 텐데, 모르고 어리석기 때문에 괴로움과 어려움을 당하는 것이라 보아도 좋을 것이다.

돌아보면 인생의 많은 시간은 즐거움보다 괴로움과 고통으로 신음하면서 사는 경우가 더 많다. 환희의 시간은 기억에 없고 오늘도 정해진 하루를 살아가고 있는 것이다. 그러면서도 왜 사는지, 이 길을 왜 가야하고, 그 끝에는 무엇이 있는지, 끝도 모를 인생을 그저 안개 낀 다리를 건너는 사람과 같이 어림짐작으로 살아간다. 따라서 우리는 인생이 무엇인지 모르면서 인생을 다 알고 있는 듯이 웃고 즐기며 산다. 이렇게 인생을 모르면서도 그저 살아오기만 하는 인생 역정은 어제 오늘의 일이 아닐 것이다. 그 모르고 사는 인생을 알고 살아가는 삶으로 바꾸어주는 가르침이 불교이다. 즉 죄를 지어도 그것이 죄인 줄 모르는 사람은 계속 같은 행위를 반복한다. 하지만 죄를 저지르면 벌을 받고 그것이 나와 남에게 아픔을 준다는 사실을 깨달으면 다시는 되풀이하지 않을 것이다.

그러나 인간은 자신의 처지를 모르는 채 탐욕의 꿀맛에 취해 살아가는 어리석은 존재이다. 혹자는 욕망이 없다면 인생의 의미가 없다고 이야기할 것이다. 하지만 인생에서 욕망으로 인해 성취되는 것보다는 잃는 것이 많다는 것을 유의해야 된다. 눈앞의 이익에 집착하는 욕심은 지혜를 흐리게 한다. 이러한 장애를 없애고 참된 지혜를 찾아야 하는 것이 지혜로운 사람의 몫이다. 인간을 타락의 구렁텅이로 몰아넣고 망가지게 하는 것은 모두가 탐욕 때문이다. 내 눈을 멀게 하고 내 마음을 더럽게 하며, 내 마음을 천하고 비열하게 하는 것도 탐욕의 불길이다. 욕망은 고통으로 가득 차 있어서 우리 인간을 절망하게 만든다. 탐욕은 망상의 때이지만 망상은 마음의 때다.

준다는 것은 어떤 의미에서 놓아버린다는 뜻으로 해석된다. 내가 성공하고 내가 잘 살고 내가 소원을 성취하기 위해서는 내가 지금 가지고 있는 것을 모두 놓아버려야 한다. 한때 어떤 자가 자기는 마음을 비웠다고 떠든 적이 있다. 그래서 모임에서는 칼국수만 먹고 요란을 떤 적이 있다. 그러나 그 자가 진정으로 마음을 비웠다고 생각한 사람은 아무도 없었던 것이다. 그리고 진정으로 마음을 비우고 실천하려면 자기 마음속으로 다짐하고 조용히 실천해서 남들이 자연스럽게 알게 하면 되는 것이다. 그렇게 실천하기도 전에 미리 광고부터 하는 것은 그 방법부터 잘못 된 것이라 아니할 수 없다. 내 주변에서도 '마음을 비웠다'고 한 사람들이 몇 있었는데, 진정으로 마음을 비우고 실천궁행한 사람은 한 사람도 보지 못했다. 필자도 한때는 '버리는 연습' '마음 비우기' 등을 행동강령으로 삼고, 그것을 실천하고자 했고, 그것을 주제로 시조를 써서 발표한 적이 있다.

"세월을 탄 것인지 고속철을 탄 것인지/ 엊그제 봄이더니 가을 하늘 드높구나/ 느는 건 주름뿐이요 쌓이는 건 한숨일세.// 시절은 돌고 돌면 제 자리로 오는데/ 한번 간 청춘호는 돌아올 줄 모르누나/ 함께 탄 그 사람들은 어느 역에 내렸는지.// 돌아보면 아득해라 가물대는 촛불이여 / 그 촛불 마저 꺼지면 깊은 잠에 빠지겠지/ 가진 것 버리는 연습 서둘러 해야겠다. (졸시 '버리는 연습' 2004년 시조월드 하반기호)

사람들은 세월의 빠름을 유수 같다고 하고, 심지어는 화살 같다고 표현한다. 이처럼 세월 가는 것이 빠르기에 고속철을 타고 달리는 것 같다고 하였다. 며칠 전 봄이었는데, 눈 깜박할 사이에 가을이 돌아왔다. 그처럼 세월을 보냈으면 무엇인가 해놓은 업적이 있어야 하는데, 그렇지 못하니까 느는 것은 주름뿐이고 쌓이는 것은 한숨뿐이라고 했던 것이다. 해는 떴다가 지고 그 이튿날 다시 떠오른다. 달은 기울었다가 만월이 되고 다시 기울어진다. 이처럼 자연은 순환의 원리를 지키면서 돌고 도는데, 사람은 한번 늙어지면 다시 젊어질 수 없다. 그리고 함께 생을 유지하던 사람들이 하나 둘씩 낙엽처럼 사라져간다. 그러한 내용을 그 사람들이 어느 역에 내렸는지 모르겠다고 했던 것이다.

내가 살아온 과거를 되돌아보면 어떻게 살았는지 아득하기만 하다. 서커스를 하는 곡예사처럼 아슬아슬하게 살아왔다. 그 생명의 촛불이 다 타버릴 날도 그렇게 많이 남지는 않았다. 그래서 그 촛불마저 꺼지면 깊은 잠에 빠질 것이라 했던 것이다. 그때 자연으로 돌아가면서 우리는 무엇을 가지고 갈 수 있단 말인가. 목욕탕에 들어갈 때는 수건 하나는 가지고 갈 수는 있는데, 자연으로 돌아갈 때는 실오라기 하나 걸치지 못하고 알몸으로 가는 것 아닌가. 그러니까 가진 것 버리는 연습 서둘러 해야겠다고 마음먹었는데, 실제로는 안 되니 안타까운 일이라 아니할 수 없다. 그렇더라도 '참나'를 찾아서 바르게 건강하게 살려면 이 방법 즉 나를 버리고, 마음을 비우고, 모든 집착에서 벗어나는 길밖에 다른 방도가 없다는 것을 강조하면서 이글을 마친다.

미워하지 말자

옛날에는 '인생칠십고래희'(人生七十古來稀)라고 했다. 사람이 70세까지 사는 경우도 많지 않았다는 이야기다. 요즘은 평균 수명이 길어져서 웬만하면 80세 이상은 무난히 산다고 본다. 그런데 스페인의 존 리우다베츠 몰은 1889년 12월에 태어나서 2004년 3월 5일에 감기 증세로 작고하였으니, 우리 나이로 116세를 산 셈이다. 몰씨는 구두 수선공으로 1954년에 은퇴하고 이후 50여 년을 정정하게 살았다는 것이다. 이처럼 110살을 넘게 사는 사람은 특수한 경우이고, 대부분의 사람들은 백수(百壽)를 못하고 저 세상으로 떠나간다. 100살을 살았다 해도 인생은 짧은 것이고, 풀잎의 이슬처럼 잠시 왔다 사라지는 존재에 불과하다.

이처럼 짧은 인생에 무어 그리 얻을 것이 많다고 서로 미워하고, 싸우고, 으르렁대고, 시기질투하고, 남을 못 살게 구는지 아무리 이해하려 해도 납득이 잘 안 된다. 특히 누구를 왜 미워해야 하는지, 왜 미움을 받고 살아야 하는지 도무지 이해가 안 간다. 인터넷 다음에 들어가 보면, '토론방'이란 곳이 있는데, 여기에 올린 글을 보면 대통령 당선인을 욕하고 비방하고 깎아내리느라고 혈안이 된 인간들이 있다. 그자들은 이명박 당선인하고 직접적인 관계가 전혀 없는 인간들인데, 오로지 대통령에 당선되었다는 한 가지 이유만으로 그렇게 헐뜯고, 모함하고, 욕지거리를 해대니, 정말 알다가도 모를 인간들이다. 소위 진보라 자처하는 자들이 그러는 것 같은데, 그러면 즈덜이 정권 잡았을 때, 정치를 잘해서 민심을 얻고, 다시 정권 연장을 했어야지, 5년 동안 죽 쑤다가 정권 빼앗기게 되니까 상대방을 있는 말 없는 말 다 만들어서 욕을 하고 난리를 치고 있으니, 이런 자들이 날뛰는 한, 대한민국이 평안한 날 없으리라는 생각이 든다.

얼마 전 대학 선배가 뒤늦게 딸을 여읜다는 청첩이 와서, 그 자리에 하객으로 참여한 적이 있었다. 이기문 선생님, 강신항 선생님도 뵈었고, 그 외 낯익은 선배와 후배들을 많이 만날 수 있었다. 그 때 내 옆 좌석에는 국문학과 한해 후배가 앉았는데, 그와도 상당히 오랜만에 만났다는 생각이 들었다. 나는 그 동안 모임에 거의 안 나갔으니, 누구와도 자주 만나는 일이 없었기 때문이다. 결혼식이 끝나고 식사를 하면서 여러 가지 이야기를 많이 나누었다. 이 후배는 지방에 있는 모 대학 교수로 2008년 2월말에 정년을 하게 되어 있다는 것이다. 그도 오랜만에 나를 만난 것이 반가웠던지, 그냥 헤어지지 말고 어디 가서 한잔 더하자는 것이다. 나는 배도 부르고 술 마시기를 즐겨하지 않지만 분위기란 것이 있지 않는가. 호텔 근처에 있는 막걸리 집으로 자리를 옮겼다.

술잔이 오고가고 많은 이야기가 오고 갔다. 그런 가운데 내가 미처 몰랐던 사실들을 많이 알게 되었는데, 그 중에서 한 가지만 소개하면 다음과 같다. 정모는 그 옛날 '00국어'라는 자습서를 집필해서 거부가 된 정선생의 아들이다. 이 친구와는 학교 때 가깝게 지내서 그의 집에도 여러 번 가보았다. 큰 저택에 으리으리하게 해놓고 사니 부러울 것이 없는 사람이다. 그러나 계모 밑에서 살기 때문에 항상 불평불만이 많고 우울하게 지낸다. 이 친구는 머리가 천재여서 국문학과를 졸업 후 바로 대학원 석사과정에 들어갔다. 영어는 기본이고 독일어 불란서어에도 능통해서 그야말로 장래가 촉망된다. 정모는 석사학위를 마치고 박사학위를 하기 위하여 미국의 하바드 대학으로 유학을 가기로 예정되었다. 그런데 출국을 일주일 정도 앞두고 종로 거리를 걷다가 어떤 스님하고 시비가 붙었다. 그 스님하고 싸우다가 친해져서 그 자리에서 스님을 따라가 중이 되었다. 그런데 세월은 흘러 그 정모스님도 외형이 늙어빠지고, 당뇨병에 걸리고, 이빨이 다 빠져서 합죽이처럼 되었다는 것이다. 하바드 대학에 가서 박사학위를 받고 유명한 학자가 될 뻔 했던 사람이 이제는 이빨이 다 빠진 노승이 되어, 고독하게 지낸다고 하니, 정말 알 수 없는 것이 사람 팔자다. 그야말로 인생무상을 실감하게 된다. 한마디로 인생이란 너나 할 것 없이 허무하고 불쌍한 존재이다. 그런데 왜 남을 미워하고 괴롭히는지 이해가 안 간다.

후: 저는 우리 학교에 죽도록 미운 교수가 있습니다. 이럴 때 어떻게 해야 합니까? 나: 같은 학과입니까? 다른 학과입니까? 후: 다른 학과입니다. 나: 그래도 학과가 다르니 괜찮은데요. 안 보고 피하면 됩니다. 절대로 물리적으로 충돌해서는 안 됩니다. 우리 속담에 똥이 무서워서 피하는 것이 아니라, 더러워서 피한다는 말이 있는데, 그런 인간은 부딪히지 말고 피하는 것이 좋습니다. 후: 또 있습니다. 아내가 너무 미워서 죽겠습니다. 나: 사모님이 그러시다면, 피할 수도 없으니, 큰일이네요. 시골에 자그마한 별장을 마련하시고, 그곳에 가서서 공부도 하시고, 휴식도 취하시고, 마음을 진정시키면 좋을 것 같네요.

　이런 대화를 나누었지만 내가 해준 이야기도 그에게 별 도움이 되지 못한다는 것을 그도 잘 알고 나도 잘 안다. 다만 속에 들어 있는 이야기를 툭 털어놓고 이야기함으로써 잠시 스트레스를 푸는 효과는 거두었을 것이다. 내가 아는 어떤 여류시인, 그분도 남편과 한 집에 살면서 남남처럼 지낸다고 한다. 각방을 쓰고, 개가 닭 보듯이 서로 말도 안하고, 밥도 따로 먹고, 돈도 각자 벌어서 쓴다. 얼마나 서로 미워하면 이처럼 남남처럼 지낼 수 있을까? 며칠 전 나의 시집간 딸을 만났는데, 시어머니가 미워 죽겠다는 것이다. 미워하지 말라고 타일러도 그 버릇을 고칠 수 없다. 내가 먼 친척 누님 집에 세배를 갔더니, 며느리가 자기를 너무 미워해서 미칠 지경이라고 한다. 아들한테 일일이 말하면 고자질 한 것이 되고, 그냥 참고 지나자니 속이 터지고, 그래서 눈 감고 귀 막고 산다고 하니, 어찌하다가 동방예의지국인 우리나라가 이 지경까지 가게 되었는지 모르겠다. 옛날에는 시어머니가 며느리를 시집살이 시켰는데, 요즘은 거꾸로 며느리가 시어머니를 시집살이 시키고 상전 노릇을 하니, 세상이 잘못 되어도 한참 잘못 되었다는 생각이 든다.

　결론적으로 남을 미워하는 사람들은 현명하지 못하다. 미워하는 감정은 메아리와 같아서 그 나쁜 기운이 상대방만 해치는 것이 아니라, 산울림처럼 되돌아와서 자기 자신도 그 나쁜 기운을 받아, 자기가 먼저 망하게 된다는 사실을 깨달아야 되겠다. 그러니 남을 위해서도 그렇고 자기 자신을 위해서도 그렇고 누구를 미워해서는 안 된다는 점을 다시 한 번 강조한다.

제5부

군화 도둑님

논산에서 훈련을 마치고 전방으로 배속 받아 내가 복무할 부대를 찾아갈 때였습니다. 의정부에서 며칠간 대기 상태에 있었는데 밥 먹고 눈 치우는 일이 그 당시 우리들 일과의 전부였습니다. 그렇더라도 늘 불안하고 초조하게 지낼 수밖에 없었던 것이 아무도 자신의 앞날을 점칠 수가 없었기 때문입니다. 편안하고 안락한 곳에서 군대생활을 하고 싶었지만 나에게 선택권이 주어진 것이 아니고 모든 것이 타의에 의해서 결정 난다는 사실을 너무나 잘 알고 있었기 때문입니다.

그때는 왜 그리 강추위가 몰아쳤던지 말과 글로서는 설명 할 수 없는 그러한 날씨였습니다. 그러나 운명의 시간은 점점 다가왔던 것이고 우리들은 대형 군 트럭 위에 실려 무작정 북으로 북으로 치닫고 있었습니다. 트럭이라고는 하지만 사방을 가려 공개된 상태가 아니고 외부세계와는 완전히 차단되어 어둠과 침묵만이 무겁게 짓누르고 있었습니다. 그렇다고 아예 잠들어 버린 친구가 있었던 것도 아닙니다.

바깥 세계를 내다볼 수가 없었으니 어디로 어떻게 지나쳤는지 모르지만 서울에서 동북방 쪽으로 짐짝처럼 실려 갔던 것이라 생각됩니다. 지금도 고속도로를 왕래하다 보면 대형 트럭 위에 도살장으로 가는 황소들이 가득 실려 가는 모습을 자주 볼 수 있는데, 그때 우리들의 처지가 바로 저 한우들의 처지와 똑같았다고 생각됩니다. 하여간에 덜커덩 바퀴 굴러가는 굉음 소리만 들을 수 있었고 커브 길을 돌 때마다 그저 내 맡겨진 몸이 이리 쏠리고 저리 쏠리는 비참한 신세가 되었습니다. 어찌나 지루하게 느껴졌던지 하루 온종일 북으로 북으로 달려간다는 생각이 들었습니다.

그러나 시작이 있으면 끝이 있는 법. 어느 산골짜기에 내려진 우리들은 또 다시 며칠간 묵어 가야하는 나그네가 되었던 것입니다. 이곳 역시 내가 내내 머물러 있어야 할 종착역이 아니고 잠시 대기했다가 떠나야 하는 중간 지점임을 알게 되었습니다. 그곳의 겨울은 유난히 추웠고 그곳의 해는 유난히 짧아 사방은 어둑어둑해지고 있었습니다. 앞을 보아도 크고 높은 산, 뒤를 돌아보아도 크고 높은 산이 가려 그야말로 방향 감각을 잃어버리지 않을 수 없었습니다. 그래서 저녁밥을 어디서 먹어야 할지 그날 밤을 어디서 자야할 지 모든 것이 불확실한 상태였습니다. 어디선가 쿵쿵 울리는 대포소리만 간헐적으로 들려 우리 신병들에게는 공포감을 더해주었습니다.

그 시간 밤하늘에는 별들이 총총 천상 세계의 아름다움을 실감케 해주었습니다. 그러나 시간은 예외 없이 흐르는 법, 저녁 점호가 끝나고 취침 시간이 다가오고 있었습니다. 우리 신병들만 한곳에서 잘 수가 없어 삼삼오오 여러 막사로 흩어지게 되었습니다. 말하자면 예비 막사가 없었기 때문에 이 막사, 저 막사로 분배당한 것입니다. 안내자의 뒤를 따라 내가 찾아간 곳에서는 어두컴컴한 막사 안에 고참 들이 나란히 누워 잠을 청하고 있었습니다.

우리들 역시 군화를 벗고 군복을 벗고 지정해 준 장소에 누워 그날의 휴면을 취하게 되었습니다. 내일에는 어떠한 사건이 벌어지든

간에 당장 오늘 밤에는 평화와 안정의 시간이 다가온 것입니다. 막사
안은 완전히 잠들어 버렸고 불침번 서는 친구만 총대를 멘 채 중앙
통로를 왔다 갔다 하고 있었습니다.

그 이튿날 새벽 5시 요란한 기상 나팔소리와 함께 그날의 일과가
시작되었습니다. 점호를 받기 위하여 연병장으로 뛰어나가려니 내가
훈련소에서부터 신고 온 군화가 보이지 않았습니다. 그 당시 논산 훈
련소에서 훈련을 마치고 퇴소 할 때에는 신병들에게 군복, 방한복, 군
화 등을 하나씩 새 것으로 지급해 주던 관례가 있어 내 군화는 누가
보든지 탐나는 것이었습니다. 신병들이 다 뛰어나간 다음에 살펴보아
도 내 신발이 놓였던 자리에 내 것은 없고 그 대신 헐고 다 떨어진
군화 한 컬레가 놓여 있었습니다. 급한 김에 그것이라도 신고 뛰쳐나
가려니 오른쪽 발은 그런대로 들어가는데 왼쪽 발은 아무리 꾸겨 넣
으려 해도 들어갈 생각을 하지 않았습니다.

그래도 어찌합니까. 나는 갑자기 절름발이가 되어 절뚝절뚝 연병장
까지 뛰어가는데 그때 내가 당한 괴로움은 이만저만이 아니었습니다.
우선 급한 대로 점오를 마친 다음에 막사로 돌아온 나는 그 방 실내
책임자에게 군화 도난사건을 보고했습니다. 그리고 내 신발을 찾아
달라고 간청했습니다. 그랬더니 전날 밤의 불침번한 두 명을 불러 물
어보는 척하더니 느닷없이 내 머리 위에 불호령이 떨어졌습니다. '이
고얀 놈 어디서 다 떨어진 걸레 군화를 신고 와서 새것을 내 놓으라
고 떼쓰느냐'하는 불호령이었습니다. 알아서 찾아주겠다는 것이 아니
라 내 입에서 군화소리가 한 번만 더 나오면 뼈도 못 추릴 것이라는
협박이었습니다. 잃어버린 사람의 억울한 호소를 들어 주는 것이 아
니라 오히려 내가 헌 것 신고 와서 새 것 갖고 싶어 부리는 수작이라
고 덮어 씌었습니다.

우리 속담에 '적반하장'이란 말이 있는데 바로 이런 경우에 쓰라고 생긴 말 같습니다. 또다시 군화 찾아달라는 말을 했다가는 매 맞아 죽을 판이니, 그 다음에는 입도 뻥긋 못 하고 그것을 신고 다녔습니다. '재하자유구무언'이라더니 약한 자는 부당한 처사를 당해도 어디 가서 호소할 곳조차 없는 것입니다. 그렇다고 맨발로 다닐 수는 없으니 그때부터 매일매일 짝짝이 신발을 신고 다녔습니다.

그 다음 부대 배치를 받은 다음에도 한 달 간 다른 신발이 없어서 그 병신 신발을 신고 다녔습니다. 지금 와서 생각해 보니 내가 50평생 짝짝이 신발을 신고 다녀보기는 그때가 처음이자 마지막이었으니 그야말로 기록적인 사건이었다고 생각됩니다.

그렇더라도 군대는 가만히 앉아서 밥 먹여주지 않으니 안 들어가는 신발을 신고 내 소임을 다하기 위하여 이리 뛰고 저리 뛰어다녔습니다. 갑자기 다리병신이 아닌 병신이 되어 절뚝절뚝하고 다니자니 남들 보기에 가소롭기 짝이 없고 발에는 맞지 않는 신발을 억지로 신고 다니자니 내가 당하는 고통은 이루 형언할 수 없을 정도였습니다. 똑같은 분량의 작업을 하고도 남보다 피로를 몇 배 더 느껴야 하고 한쪽 발에 피가 통하지 않아 계속해서 발 저림 현상이 나타나고 거기에 발이 부르트고 살갗이 벗겨지는 등 그 괴로움을 어찌 필설로서 다 그려 낼 수 있겠습니까.

어떻든 내 군화는 분명히 도둑맞았는데 그 도둑질한 자는 찾아내지를 못했습니다. 그 도둑놈은 그날 밤 불침번을 섰던 사람 중에 하나일 수도 있고, 아니면 그 막사에서 잠잔 사람 중에 불침번보다 계급이 더 높았던 사람 일수도 있고, 그것이 아니라면 그 실내 최고 책임자인 선임하사의 소행 일수도 있습니다. 하여간에 군화 도둑님 당신은 참으로 머리가 좋은 사람입니다. 이왕 훔쳐 가실 바에는 아예 송두리째 훔쳐가고 말 일이지 무엇 때문에 그 짝짝이 걸레 신발을 대신 갖다 놓았습니까. 지금 와서 생각해 보니 나는 참으로 머리가 나쁜 사람입니다. 신발이 없어졌으면 양말만 신고 그대로 다닐 일이지 그 짝짝이 신발은 왜 끌고 다녔는지 모르겠습니다. 그러나 군화 도둑님 당신은 새 구두를 훔쳐서 얼마나 기분 좋았는지 모르지만 나는 그때 당한 괴로움과 억울함이 응어리져서 몇 십 년이 지난 지금까지도 잊지 않고 이글을 쓰고 있는 중입니다. 당신은 그때 저지른 그 나쁜 행위를 까맣게 잊어버리고 살아가겠지만 그 피해 당사자인 나는 눈을 감기 전까지는 영원히 잊을 수 가 없습니다. 그래서 오늘은 밤을 지새워 가면서 당신한테 길고 긴 사연을 띄워 보내는 것입니다.

이웃집의 에어컨 공해

백화가 만발하고 미풍이 살랑거리던 봄은 오는가 싶더니 지나가 버렸다. 신학기 개강을 한지가 몇 주 전 이야기 같고, 5월 축제니 졸업 여행이니 하면서 학생들이 분주하게 왔다 갔다 하던 일이 엊그제 같은데, 벌써 종강을 하고 또 반 년 을 살았다고 생각하니, 내가 살아서 움직이는 것인지, 아니면 꿈속에서 잠꼬대하고 있는 것인지 분간할 수가 없다. 누군가 세월은 흐르는 물 같다고 하더니, 이것도 그저 좋게 표현한 것이고 시위를 떠난 화살 같다고 하는 편이 도리어 적합하리라.

하여간에 성하의 계절 본격적인 여름이 서서히 다가오고 있다. 지난 주말에는 불볕더위가 찾아와 어떤 지방에는 30도를 웃도는 기온 분포를 보였고, 그런가 하면 금주에는 장마 전선이 제주도 남쪽 해상까지 접근해 왔다는 기상 예보가 있었다.

본격적인 여름이 오게 되면 불볕더위가 연상되고, 그 삼복염천에 나는 특별히 괴로워하는 것이 있으니, 그것은 주체할 수 없도록 많은 땀을 흘린다는 점이다. 웬 땀이 그렇게 솟구치는지 거짓말 안 보태서 비 오듯 쏟아지고, 전신이 푹푹 젖어들어 땀으로 목욕한 느낌이 들 정도다. 그래도 혼자 있을 때는 땀이 나든지 말든지 괴로워도 혼자 괴로우니까 그런대로 지낼 만하다.

방학 중에 시행되는 강습이나 강의 시간에 수강생들 앞에서 그 모양을 보이게 되면 정말로 몸 둘 바를 모르겠다. 그리고 점심시간에 식당에 가서 식사를 하는 동안에도 그 주책없는 땀방울은 주인공의 괴로움을 아는지 모르는지 줄줄 흘러내리면서 식탁 위에 뿌려댄다. 그러니 더불어 함께 식사하는 동료들 앞에서 그 모양을 보여야 할 때는 민망하기 이를 데 없다.

이제 그 불 볕 더위와 삼복염천이 다가오게 되면 또 한 가지 괴로운 사연이 있다. 바로 우리 이웃집 에어컨의 열기와 소음 문제 이다. 그 옆집은 대지 규모는 넓고 가옥 규모는 현대식 양옥으로 된 저택이고, 정원은 값비싼 정원수로 화려하게 꾸며 놓아 누가 보아도 첫눈에 재벌 집 아니면 준 재벌 집은 된다고 여기게 되어있다. 그 거부 집과 우리 집은 얕으막한 담장 하나를 사이에 두었는데 양쪽 집의 대문이 서로 반대 방향에 나 있어서 그런지는 몰라도 그 집 주인과 나는 상면할 기회가 전혀 없었다. 15년 이상을 함께 살아온 이웃사촌인데도, 서로 얼굴도 모르고 성명도 모르고, 단 한 번의 대화라도 주고받을 기회가 없었으니, 이것이야말로 오늘날 서울의 전형적인 풍속도가 아니고 무엇이겠는가.

그래도 이집 주인과는 서로 대면할 기회가 없었으니 피차 모르고 지내는 것이 당연하다고 생각되지만, 또 한 이웃은 같은 골목에 살면서 매일 아침저녁으로 만나게 되어 있는데도, 서로 인사는커녕 개가 닭쳐다보듯 하니 여기가 예의범절을 아는 사람들이 사는 사회인가, 그것을 모르고도 살 수 있는 짐승들의 사회인가, 도무지 구분이 안 간다.

하여간에 그 거부 집 건물과 우리 집 건물은 울타리 하나를 사이에 두었지만 직선거리는 1m 가 조금 넘을 정도다. 그 큰 집은 건물 내의 냉방 장치를 위해서 벽을 뚫고 에어컨을 달았는데, 그 에어컨의 뒷면이 바로 우리 집 마루 창문을 향하게 되어있다. 그런데 그 불볕더위가 기승을 부리고 삼복염천이 다가오게 되면 그 이웃집과 우리 집은 희비쌍곡선이 벌어지게 된다. 그 집은 부잣집이니까 건물을 잘 지어서 겨울에는 춥지 않고 여름에는 덥지 않게 건축을 잘했다. 그런데도 그때가 되면 하루 24시간 내내 에어컨을 가동시킨다. 그 에어컨 뒷면에서 확확 불어대는 열기는 곧 바로 우리 집 마루문을 통해서 모처럼 집안에서 쉬고 있는 우리 식구들을 괴롭혀 댄다. 그리고 몇 년도 형 에어컨인지는 몰라도 모타가 돌아가면서 시끄럽게 덜그렁거리는 그 소리는 완전히 소음 공해가 되어 우리 식구들의 귀를 괴롭혀 댄다.

하기야 마루문을 닫아 놓고 살 수도 있는 문제지만, 우리 집은 건물이 부실하여 겨울에는 춥고 여름에는 무더우니 어떻게 문을 닫아 놓고 지내겠는가. 사방의 문이란 문은 모두 열어놓고 지내도 슬러브에서 받은 열기가 실내에 가득하여 온몸을 화끈거리게 만드는데, 어찌 감히 문을 닫고서 지낼 수 있단 말인가.

이제 멀지 않아 그 불볕더위가 기승을 부리고 삼복염천이 다가 오게 되면 예의 그 집은 에어컨을 틀어 댈 것이고, 나는 어쩔 수 없이 그 집의 에어컨에서 확확 밀어대는 열기를 온 몸에 받아야 하고, 요란한 굉음을 내면서 시끄럽게 돌아가는 에어컨 소리를 귀가 따갑도록 들어야 할 것이다. 성하의 그늘 속에서 우리 이웃 부잣집은 시원하게 지낼 수 있으니까 웃음소리 가득하겠지만, 반대로 보잘 것 없는 우리 집은 그 집의 에어컨 공해에 울고 지낼 수 밖에 없는 현실이 답답하고 안타까울 뿐이다.

집과 사람

　우리 집 뒤에는 20여 가구가 함께 사는 연립 주택이 있었다. 그 집을 지은 최사장이 부실 공사를 해서 10년도 안되어 흉가처럼 변했다. 그러다가 금년 봄에 그 헌집을 말끔히 헐어내고 주인 여자가 건축업자 조사장의 도움으로 새집을 지은 것이다. 1층은 완전히 주차장으로 사용하고 2.3.4층에 각기 6세대씩 모두 18세대가 들어가는 다세대 주택을 지은 것이다. 지난 8월 말부터 입주하기 시작하여 현재는 비어 있는 세대가 없을 정도이다.

　그런데 건축에 대해서 문외한인 내 눈으로 보아도 그 집은 아주 튼튼하게 지었고, 좋은 재료만 골라서 썼고, 시공에서 완공까지 일류 기술자들만 고용해서 빈틈없이 잘 지은 것 같았다. 나는 조사장과 집에 대하여 이야기할 기회가 있었는데, 그 튼튼하고 잘 지은 새집에 여기 저기 하자가 생긴다는 것이다. 아직 입주도 하기 전에 고칠 데가 생긴다고 하니 나 같은 문외한으로는 이해가 잘 안 가는 것이다. 그러나 세상에는 백퍼센트 완전한 집은 없는 것이다. 서울 장안에 그 수많은 빌딩과 개인주택이 있지만, 관리인이나 집주인한테 물어보면 어느 건물이든지 한두 군데는 하자가 있고 고쳐야 할 데가 있다고 대답할 것이다.

　내가 77년 도에 구의동으로 이사갔을 때는 집장사가 지은 집을 사가지고 온 것이다. 집을 완공한 지 3개월 만에 사서 왔으니 새집이나 다름없었다. 그런데도 이사온 지 얼마 안 되어 하수도가 고장 났고, 지하실 방에는 곰팡이가 나서 벽면이 썩어 들어갔고, 2층의 어떤 방은 난방이 안 되어 한겨울이면 사람이 지낼 수 없을 정도였다. 마루에도 보온이 잘 안되니 들여놓은 화초들이 얼어 죽는 경우가 생겼다. 또 뒷담이 쓰러질 것 같아 미장이를 들여 완전하게 새로 발랐던 기억도 난다. 게다가 집사람이 몇 백 만원을 들여 마당에 자연석을 배치하고 여러 가지 관상수를 심어서 조경을 했던 기억도 난다.

　이 집을 헐어내고 93년도에 나는 완전히 새롭게 집을 지었다. 건평 100평이 약간 넘는 현재 살고 있는 집이다. 이 집은 내가 살아있는 동안은 절대로 이사 가지 않고 끝까지 살겠다는 각오 아래 마음먹고 지은 집이다. 철근을 많이 깔고 시멘트를 들어부어 기초 공사를 튼튼히 하였다. 그 당시 방수 담당 기술자가 우리 집을 보고는 대포로 쏘아도 무너지지 않을 것 같다고 하였다. 내 생각에 우리 집은 별 이변이 없는 한 2백 년의 수명을 누릴 것이라 생각한다.

　이처럼 튼튼하게 지은 새집에 그 해 8월 말 입주했는데, 살다보니 여기 저기 보완할 곳이 생기고, 수리할 곳이 생기니 새집이라고 완벽할 수 없다는 것을 비로소 알게 되었다. 누군가 말하기를 아주 새집을 사가지 말고 지은 지 한 3년 된 집을 사가라고 했는데, 그것은 새집에 입주해서 3년 지나면 웬만한 하자는 모두 수리하고 고쳐서 큰 돈 들어갈 일이 별로 없을 것이라는 의미가 담겨있는 것이다.

　내가 공사 감독을 해가면서 직접 새집을 짓고 입주해서 살았는데도 여기 저기 하자가 생겨 많은 수리를 하였다. 온수를 충분히 쓰기 위하여 옥상에 강남솔라를 설치했는데, 이곳의 탱크가 고장 나서 거금을 들여 교체했다. 이것저것 잡다한 물건들을 보관하기 위하여 옥상 공간에 알미늄 샤시로 광을 만들었다. 주방의 싱크대는 몇 백 만 원을 들여 설치했는데 색깔이 어둡다고 밝은 색으로 교체하였다. 작년에 우리 식구들이 사는 공간에 도배와 장판을 다시 했는데 이때도 거금이 들어갔다. 안방에는 커튼 대신 우리나라 전통 한옥 창살문을 만들어 달고 현관의 신발장을 교체하였다. 아래층의 세든 집을 내보내고 신혼의 아들 내외를 살게 하기 위하여 대대적인 수리와 보수작업을 하였다. 지층의 세든 집에 목욕탕이 비좁다고 해서 보일러 시설 일체를 밖으로 내보내고 그것을 보호할 장치를 하였다. 마당에 묻은 정화조의 내부가 고장 나서 그 안의 시설물을 완전히 교체하고 새것처럼 만들었다. 금년 8월에는 드라이비트 이음새에 실리콘을 쏜 것이 다 돼서 비가 새므로 집 외부 전체를 130만원을 들여 실리콘을 새로 쏘았다. 집 외부의 페인트칠 한 곳이 더러워졌으므로 새로 페인트칠을 해서 산뜻하게 단장하였다. 베란다 3곳에 비가 새므로 170만원을 들여 이곳을 완전히 깨서 걷어내고 방수를 한 다음 타일을 붙였다.

튼튼하게 새로 지은 집이 이러할진대 기계가 아닌 사람의 몸이야 더 많은 고장이 날 것은 뻔한 일이다. 기계투성이인 자동차도 사서 타고 다니는 날부터 자질구레하게 손볼 곳이 생기고, 한 3년 지나면 거금을 들여 부속품을 교체해야 할 곳이 생긴다는 것은 이미 잘 알려진 사실이다. 철근과 시멘트로 만든 집이 그러하고, 온통 쇠붙이로 만든 자동차가 그러할진대, 하물며 연약한 살과 뼈마디로 이루어진 인간이야 더 말해서 무엇 하겠는가. 인간은 태어나는 날부터 이것저것 잔병 치레를 하면서 성장하게 되어 있다. 그리고 나이를 먹어서는 자기 신체의 가장 약한 부분부터 하자가 생기고 탈이 나게 되어 있다. 나도 어지간히 잔병치레를 하면서 약을 먹고 침도 맞으면서 살아왔다고 생각한다. 결정적인 것은 나이를 먹어서 걸린 치루인데 나를 수술대 위에 4번씩이나 올라가게 하였다. 그 병으로 고통은 받았지만 많은 시간과 비용과 노력을 들여서 어느 정도 고친 상태다. 그러나 1983년 여름 어느 날 갑자기 찾아온 불청객 불면증과 이명증은 20년 가까운 세월 그들과 싸워 퇴치하지 못하고 아직도 휴전 상태에 머물렀다.

그러나 언제까지나 이들과 공존할 수만은 없지 않는가. 나도 전의를 다지고 전투태세를 완비해서 미국이 테러와의 전쟁을 하는 것처럼 한판 승부를 겨뤄야 할 때가 왔다고 생각한다.

새옹지마

"무릇 화와 복이 서로 변하는 것은 헤아리기가 어려우니라. 국경의 변방에 사는 한 길흉을 판단하는 점술가가 있었는데, 그가 기르는 말이 까닭 없이 도망하여 오랑캐 땅에 들어가거늘 이웃 사람들이 와서 이를 위로하니 그 점술가 말이 이것이 어찌 복이 될 수 있는 징조가 아니겠는가? 말하더니 몇 개월 뒤에 그 도망간 말이 오랑캐의 준마를 데리고 왔다. 이를 본 사람들이 다 축하를 하니, 그는 말하되 이것이 능히 화가 될 수 있는 징조가 아니겠느냐? 라고 하였다. 뒤에 집이 부유하고 말이 좋아서 그 아들이 말 타기를 좋아하다가 말에서 떨어져 뼈가 부러져 절름발이가 되니, 사람들이 와서 다 위로를 하니 그 아버지 말하기를 이것이 복이 될 수 있는 징조가 아니겠느냐? 말하더니, 일 년 후에 오랑캐들이 처 들어 오거늘 젊은 장정들이 나가 싸워 거의 죽었으되, 홀로 점술가의 아들은 발병신이라 싸움에 나가지 않아서 무사하게 되었다."

윗글은 중국의 '회남자' 라는 책 속에 있는 내용으로 이른바 '塞翁之馬' 라는 고사성어의 유래를 밝혀 논 것이다. 그 뜻은 화가 복이 될 수 도 있고, 복이 화가 될 수도 있다는 것으로 화복은 한군데 머물러 있지 않고 빙빙 돈다는 것을 의미한다. 나는 지금까지 살아오면서 우리 한국 사회에 대하여 불만이 많았었다. 주는 월급을 어떻게 해서든지 덜 쓰고 저축해서 미래를 설계해 보려 했지만 내 뜻대로 되지 않았다. 받는 월급과 오르는 봉급에 비하여 물가는 몇 배 뛰고 인플레 현상까지 겹쳐서 늘 허리띠를 졸라매는 생활을 해왔다. 그래서 어느 모임에 나가서나 큰 소리 치면서 한 턱 내는 일을 못해 보았고, 나를 아는 친지들에게 비싼 식사를 시켜주지도 못했다. 더구나 시골에 계시는 노부모님에게 용돈 한번 제대로 못 올려 드렸으니 그야말로 불효막심하기 이를 데 없었다고 하겠다.

형편이 좀 나아지고 여유가 생기면 부모님한테 잘해 드려야지 하고 벼르고 벼르면서 살아오기를 30여년 지내왔던 것이다. 우리 속담에 10년 벼르던 제사에 물 한 그릇 못 올린다는 이야기가 있는데, 나야말로 이렇게 잔뜩 벼르기만 하다가 끝내 효도를 못하고 말지 않을까 두렵기만 하다. 나 같은 사람이 있으니까 그 옛날 송강 정철 선생도 "어버이 살아 신제 섬길 일란 다 하여라 / 지나간 후면 애닯다 어이 하리 / 평생에 고쳐 못 할일이 이뿐인가 하노라"라고, 그의 <훈민가>에서 노래했던 것이라 생각 된다.

그리고 내가 아무리 허리띠를 졸라 매면서 근검절약하는 생활을 실천한다 하더라도 우리 식구들 모두가 내 마음과 같이 움직여주지 않는 한 그것은 공염불이 될 수밖에 없지 않는가. 또 지금까지 정부에서 여러 가지 법망을 만들어 놓고 일반 백성들에게 지키기를 강요해 왔는데, 그 정부의 지시를 철석같이 믿고 따른 사람들은 손해를 보고, 그 법망을 요리조리 피하거나 어겨가면서 부동산 투기를 하거나 탈세를 많이 한 친구들은 오히려 더 많은 부를 축적하고 떼 부자가 되었으니 이보다 더 불합리하고 불공평한 처사가 어디에 있단 말인가.

　요즈음 문민정부가 들어서면서 고위 공직을 이용하여 부정한 방법으로 축재한 사람들이 사정의 칼날을 받고 비틀거리고 있는데, 정말로 통쾌한 일이라고 생각된다. 분명히 말하거니와 이제부터는 법을 잘 지키고 정부의 말을 잘 듣는 사람들이 잘 살고, 법을 안 지키고 그 법망을 요리 조리 피해가면서 온갖 투기, 사기, 탈세를 일삼는 자들이 패가망신하는 풍토가 조성 되었으면 좋겠다. 그 고위 공직과 절대 권력을 이용하여 천문학적 숫자의 떼돈을 벌고 거드름 피우던 자들이 새 정부의 사정 바람에 낙엽 떨어지듯 사라져 가고 있으니, 그야말로 인생만사는 앞에서 이야기한 점술가의 말처럼 '새옹지마'가 아니고 무엇이겠는가.

　또 한 가지, 작년 4월 국회의원 선거에서 실제로 있었던 사례 한 가지를 소개해 보고자 한다. 당시는 현역 국회의원이요 계속해서 4선 이상을 했던 여당 출신의 모씨가 그야말로 캐리어도 없고 풋내기 같던 야당의 무명용사에게 패배의 쓴잔을 마신 적이 있다.

　그 여당 후보자는 물려받은 유산이 많았었는지 어떤 검사 쟁이 들처럼 처갓집 덕을 톡톡히 보았는지, 아니면 자신이 초인간적 능력을 발휘해서 벌어들였는지는 모르지만 천문학적 숫자의 동산과 부동산을 가진 재산가가 되었던 것이다.

　그런데 그 후보자의 사람 됨됨이를 보면 목에다 잔뜩 힘을 주고 오기만 부리면서 하늘 높은 줄 모르고 날뛰던 자였다. 그자는 낙선한 다음부터 매일 징징 울면서 지내고 주위 사람들만 못살게 굴면서 신경질적으로 대할 뿐만 아니라 앙앙불락하는 생활을 일삼아 왔다고 한다. 그러니까 낙선의 이유는 오로지 자만하기 짝이 없는 그의 언행과 어떻게 주워 모았는지 지나치게 소유한 재산 때문이었는데, 조금도 반성 할 줄은 모르고, 그리 남들을 탓하고 유권자 들을 원망하는 데만 급급하기 이를 데 없었다고 한다.

그런데 문민정부가 들어서면서 재산 공개 파문이 일자 그와 비슷한 처지에 있었던 많은 국회의원들이 여론 재판을 받게 되고 심지어는 현역에서 물러나는 자들이 다수 생겨났는데, 이 친구는 그 무서운 재산 공개 파문도 피하게 되었고, 언론 매체들을 통해서 불명예스럽게 거명되는 일도 피하게 되었으니, 현재 그의 입장에서 보면 그가 낙선한 것이 얼마나 다행스러운 일인가. 이 친구야말로 국회의원선거에서 낙선 된 것이 그의 불행이 아니라 오히려 영광이 되었으니 인생지사 새옹지마라는 말이 바로 이런 친구의 경우를 염두에 두고서 생겨난 것 같다.

인절미 아주머니와 김씨

아침 일찍이 아차산에 가면 그 입구에 순두부를 파는 아저씨가 있다. 아저씨라고 했지만 나이는 60대 중반쯤 되어 보인다. 등산과 운동을 하고 내려오다가 따뜻한 순두부를 먹는 사람들이 상당수 있다. 그 옆에는 칡뿌리를 잔뜩 쌓아놓고 생즙을 내서 파는 40대 중반의 남자가 있다. 그런데 칡즙을 사먹는 사람들은 별로 없으니, 장사를 해도 무슨 장사를 하느냐가 그처럼 중요하다. 그리고 산속으로 더 들어가면 많은 사람들이 생수를 받아 가는 약수터가 있고, 사람들이 쉬면서 음식을 먹을 수 있는 육각정이 있고, 그 옆에는 항상 아차산의 새벽을 열고 찹쌀 인절미를 파는 아주머니가 있다.

그 아주머니는 새벽 5시면 일년 내내 사업 장소에 나타나는 것 같다. 그녀가 장사를 안 하는 날은 설날과 한가위 날 뿐이다. 그 밖에는 날씨가 좋으나 궂으나, 눈이 오나 비가 오나, 바람이 불거나 잠잠하거나, 너무 덥거나 춥거나 줄기차게 그 장소에서 장사를 하는 것이다. 나도 몇 년 동안 어지간히 아차산엘 오르내렸는데, 내가 그 아주머니보다 일찍 간 적은 거의 없었다. 새벽잠이 안 와서 4시쯤 집에서 출발했는데도, 가보면 그 아주머니가 먼저 가서 자리를 정돈하고 호롱

불을 밝혀놓고 손님 맞을 준비를 하고 있는 것이다.

그렇더라도 인절미 맛이 안 좋으면 사람들이 안 사먹을 텐데, 그 맛이 최고인지라 매일 아침 문전성시를 이룬다. 나는 매일 아침 사 먹지는 않고 3개월에 한 번 정도 사먹거나 사가지고 오는 형편이니, 나 같은 사람만 있으면 인절미 장사는 굶어 죽으리라. 나 같은 사람만 있으면 굶어죽을 자들을 꼽아보면 술장사, 담배장사, 커피장사가 굶어 죽을 것이다. 이런 것들을 거의 안 먹으니 그럴 수밖에 더 있는가. 그 밖에 보신탕집, 영화관, 노래방, 테니스장, 골프장도 안 다니니 이런 장사를 하는 사람들한테는 나는 불필요한 인간인 것이다. 내가 그 인절미를 잘 안 사먹는 것은 인절미가 맛없어서가 아니라, 그것을 먹으면 아침밥을 먹는데 지장이 있기 때문이다. 떡만 먹는 것으로는 부족하고, 떡을 먹은 다음 아침밥을 먹으면 제대로 먹을 수 없으니 자주 사먹을 수 없는 것이다. 그러나 내가 60평생 먹어본 바에 의하면 아차산 인절미의 맛이 단연 최고라는 것을 인정하지 않을 수 없다. 그러니 인절미를 즐겨하는 사람들은 이른 아침 아차산에 와서 아차산 인절미를 먹어보라고 권하고 싶은 것이다.

이처럼 인절미 맛이 좋다 보니 참으로 많은 사람들이 매일 아침 인절미를 사먹고 있는 것이다. 그러니 그 아주머니는 자연적으로 단골을 많이 확보하게 되었고, 돈벌이도 많이 하게 되었다. 산에 오는 사람들한테 들은 이야기인데, 그 여자는 20여 년간 인절미 장사를 해서 시내에 빌딩 몇 채를 갖고 있다는 것이다. 옛말에 큰 부자는 하늘이 내고, 작은 부자는 부지런하면 된다고 했는데, 아주머니는 부지런해서 작은 부자는 되었던 것이다. 또 슬하에 1남 2녀를 두었는데, 자식들 모두 좋은 대학을 나오고 제 밥벌이를 하고 있다는 것이다. 옛말에 지성이면 감천이라고 했는데, 그처럼 밤잠을 안 자고 노력하는 사람이 부자가 안 된다면 도리어 이상한 것이다.

그 많은 단골손님 중에는 연세대 교수를 하다가 정년퇴직한 사람도 있고, 기업체 사장이라는 사람들도 많이 있고, 그 동네 할머니들 아주머니들이 많이 있고, 중곡동에 산다는 김씨라는 사람도 있다. 이 김씨는 하루도 거르지 않고 아차산 약수터에 오고, 그곳에 와서는 우선 인절미부터 사먹고, 그 다음 역기를 30번 들고 그 기구에 매달려 다리를 하늘로 올리면서 오장 6부에 힘을 가하는 운동을 한다. 다리와 허리를 통해서 하는 운동인데, 나도 그것을 해보려고 흉내 냈지만 그대로 따라할 수 없었다. 하도 이곳에서 자주 만나기에 성씨를 물었더니 김해 김씨라는 것이다. 나는 원주 원씨라고 했더니, 원주 원씨는 무조건 양반이라는 것이다. 김해 김씨들이 지금 세상을 주름잡고 있는데, 무슨 이야기냐고 했더니, 그는 양김씨를 좋아하지 않아서 이모씨를 찍었다고 하였다.

그의 이야기를 들어보면 매일 새벽 3시면 무조건 잠에서 깨어나고, 그래서 아차산에 올라오게 되고, 와서는 인절미를 사먹고 아침 식사를 대신하는데, 이러한 생활을 10여년 반복했더니 그 지긋지긋한 위장병을 고쳤다고 하였다.

그가 자신의 병에 대하여 이야기하는 것을 보면 ① 뇌졸증으로 뇌혈관이 터졌다. ② 장파열로 장수술을 받았다. ③ 자전거를 타고 가다가 버스에 부딪혀 어깨, 갈비뼈, 허리 등을 다쳤다. ①에 대하여는 수술을 받고 완쾌됐는지, 말하는 것이나 손발의 움직임이나 몸가짐이 어색하지 않았다. ②는 장파열 수술을 받을 때 잘해 달라고 특별히 담당 의사한테 10만원을 주었다는 것이다. 그런데도 배 가죽에 심한 상처가 나고 주먹만한 것이 뭉쳐있다고 투덜대는 소리를 하였다. ③ 교통사고를 당한 다음에는 바로 수술을 받아서 고쳤는데, 허리에 통증이 있고 후유증이 있다고 하였다. 이처럼 자기의 병력을 밝히면서 자기처럼 불행을 경험한 사람은 없다고 하였다. 나는 내 자신이 정말 고생을 하고 어려운 일을 많이 겪었다고 생각했는데, 나와 비슷하거나 나보다 더 고생한 사람들도 꽤 있다는 것을 깨닫게 되었다. 김씨 아저씨는 정말로 인간이 감내하기 어려운 비극을 겪었는데, 그것을 아침 운동과 인절미로 극복하였다. 아주머니는 매일 아침 김씨에게 인절미를 팔아 돈을 버니 좋고, 아저씨는 그 떡을 사먹고 건강을 회복했으니, 누이 좋고 매부 좋은 격 아닌가.

이처럼 인간관계가 서로 즐거움을 주는 상생 관계로 이루어진다면 이 세상은 살맛날 것이라고 생각하면서 나는 약수터에 있는 운동기구에 열심히 매달렸다.

이비인후과의 물고문

아무리 건강한 사람이라도 나이를 먹게 되면 병에 걸리게 마련이다. 그것은 건축물이 오래되면 여기 저기 수리할 곳이 생기는 경우와 같고, 자동차를 오래 타면 이곳저곳 부품을 교체할 곳이 생기는 경우와 같다. 다만 그 사람의 체질에 따라 어디가 먼저 고장 나느냐가 문제이지 언제까지나 백퍼센트 건강한 사람은 없는 것이다. 내가 아는 어떤 사람은 힘이 장사인데 황소에 비유할 수 있을 정도이다. 그래서 사흘이 멀다 하고 술을 퍼먹어도 끄덕하지 않는다. 천생에 술복을 타고 난 사람이다. 그 장사한테도 허점은 있었으니 이빨이 다 삭아 빠져서 틀니를 해 넣은 상태다.

내가 아차산에 다니면서 만난 황씨는 나보다 한 살 더 먹었다. 그는 운동을 열심히 하고 튼튼해 보였는데 한쪽 다리를 절고 있었다. 그의 말에 의하면 무릎의 종지뼈를 수술했다는 것이다. 그 무릎 수술을 받은 다음 걷지를 못했는데, 처음에는 목발을 짚고 동네 뒷골목을 누비면서 걷는 연습을 하였다. 그 다음에는 아차산에 다니고 지금은 대성암까지 매일 갔다 오는 운동을 한다. 그렇게 해서 회복은 했지만 아직은 걸음걸이가 완전하지 못하고 뒤뚱거리니, 황씨의 몸에서 제일

약한 곳은 그의 무릎이라고 하겠다.

어떤 사람은 허리가 약해서 디스크에 걸리고, 어떤 사람은 장이 약해서 설사를 자주 하고, 어떤 사람은 간이 나빠서 얼굴빛이 시커멓게 변하였다. 이런 식으로 열거하자면 지면이 모자랄 정도이다. 나는 원래 내 몸의 어느 부분이 약한지 모르면서 살아왔다. 진주에서 살 때 어느 날 갑자기 불면증과 이명증이 찾아 왔는데, 그것들로 인해 내가 받은 고통은 책 한권을 쓸 수 있을 정도이다. 대개 불면증이 있는 사람은 이명이 없고, 이명이 있는 사람은 불면증이 없는데, 나에게는 이 양자가 동시에 찾아왔던 것이다.

밤이면 까닭 없이 잠들지 못하고 귀에서는 윙윙 소리가 나는데, 이보다 더 괴로운 일은 없었던 것이다. 내 자력으로는 이것들을 아무리 퇴치하려고 노력해도 안 되기에 진주에서 유명하다는 시내 한복판의 중앙 약국으로 찾아 갔다. 그 때 젊은 약사와 상담하니, 뇌 속에 산소 공급을 제대로 못해서 이런 현상이 나타난다고 진단하는 것이다. 그러면서 몇 가지 약을 권하는데 모두 비싼 외제 약품들이었다. 비싸거나 말거나 아쉬운 쪽은 나인데, 권하는 약을 사가지고 계속해서 복용했지만 아무런 차도를 느낄 수 없었다. 그러니까 약사는 내 몸에 혈액순환이 잘 안 되는 것으로 보았고, 혈액순환이 원만하지 못하니 뇌 혈관에 산소 공급이 안 되고, 그 여파로 귀에서 소리가 난다고 판단한 것이다.

그 당시는 내가 진주 경상대로 간 지 2년여가 된 시절이었다. 원체 거리가 멀다 보니 서울에 자주 갈 수 없었고, 그러다 보니 식사를 제대로 못해서 영양분을 고루 섭취할 수 없었다. 또 경상대로 이동한 지 얼마 안 되어 마음의 부담이 컸고, 게다가 박사 과정을 겨우 수료한 직후였으니 종합 시험 문제, 학위 논문 쓰는 문제 등이 나를 심리적으로 압박해 왔다. 내 몸에 불면증과 이명증이 찾아온 것은 낯선 땅에서 잘 적응하지 못한 데서 오는 우울증과 식사를 제대로 하지 못해서 오는 영양실조와 여러 가지 심리적 압박을 받으면서 쌓인 스트레스 때문인 것으로 판단된다. 원래 이명이란 친구는 한 번 찾아오면 떠나가지 않는 끈질긴 데가 있다. 그러나 당사자의 입장에서는 이 병마를 내쫓으려고 안간힘을 다하는 것이다. 나도 갑자기 찾아온 이 친구들을 내쫓기 위하여 이 약 저 약 사먹어 보았지만 별로 효과가 없었다.

그래서 학과 교수의 소개로 진주 시내에서 유명하다는 한약방을 찾아갔다. 이곳에서 한약을 몇 재 지어먹고, 약을 먹을 당시는 수면을 충분히 취하였다. 그러나 언제까지나 한약을 계속해서 복용할 수만은 없는 일 아닌가. 몇 개월 먹다 끊으니, 언제 한약을 먹었느냐는 듯이 이 친구들이 기승을 부려댔다.

그 다음 찾아간 곳이 진주 남강 다리 건너 바로 강가에 있는 모 이비인후과였다. 내 증세를 이야기했더니, 의사는 이비인후상의 연결 통로가 막혀서 그런 현상이 나타났다고 판단했던 것이다. 그들이 사용하는 의료 기구로 내 귀에 바람을 집어넣기 시작했다. 그 다음에는 긴 호수로 코에다 물을 집어넣고 목구멍에다 물을 집어넣는데 도저히 참을 수 없었다. 물을 집어넣어서 막힌 곳을 뚫어보자는 것이 그의 의도였던 것 같다.

그러나 나는 아무런 죄 없이 의사한테 물고문을 당한 꼴이 된 것이다. 죄라면 내 몸이 부실한 죄밖에 없는데, 물고문은 내가 더 못하겠다고 할 때까지 계속 되었다. 이처럼 물고문을 받고라도 내 몸의 병을 완전히 추방할 수 있다면 그 이후 계속해서 물고문을 더 받았을 것이다. 그러나 병을 고치지 못하면서 생사람을 잡는 이 의사를 어떻게 믿고 그 병원을 다시 찾아가겠는가. 내가 어렸을 때 강이나 호수에 나가 헤엄치다가 잘못해서 물먹은 적은 많이 있다. 그 어린 시절 헤엄치다가 물먹은 고통은 그래도 잊어버릴 수 있다. 하지만 생사람 잡는 돌팔이한테 당한 물고문은 좀처럼 잊어버릴 수 없어 이렇게 글로 써둔다.

한밤중의 달리기 운동

불면증이란 아무런 이유 없이 잠들지 못하고 잠이 들어도 숙면하지 못하고 몇 시간밖에 잠을 이루지 못하는 고약한 병이다. 이렇게 불면에 시달리다 보면 그 이튿날 컨디션이 나쁘고 머리가 띵하고 머리 속에 안개가 낀 것처럼 흐리멍텅하다. 그래서 일하고 싶은 의욕이 안 생기고 설사 마지못해 일을 하여도 일의 능률이 오르지 않게 되어 있다. 그래도 무슨 스트레스를 받는 일이 있어서 잠이 안 온다면 이해하겠는데, 아무런 까닭 없이 잠들지 않는 것은 사람 미치게 한다.

내가 경상대에 근무할 때는 주로 15평짜리 상대 아파트에 살았다. 그리고 학교는 교직원 전용 버스로 출퇴근하였다. 학교에 가서는 으레 커피 한잔 타서 마시는 것으로 하루의 일과를 시작했다. 그 후 점심 때 마시고 하루의 일과가 끝난 다음 마시고, 그 중간에 다른 방에 가서 마시다 보면 매일 하루에 커피 5잔을 마신 셈이 된다. 그 때는 커피 속에 들어 있는 카페인이 사람의 신경을 자극해서 잠들지 못하게 한다는 사실을 모르고 있었다. 이 카페인은 커피의 열매나 잎에 들어 있는 알칼로이드 성분인데, 흥분제, 이뇨제, 강심제 등에 쓰인다고 한다. 그러니 사람의 신경을 흥분시키는 카페인이 들어있는 커피를 매일 5잔 가량 아무런 생각 없이 마셔댔으니, 나의 불면 증세는 가속화될 수밖에 없었던 것이다. 그 당시 나는 불면 증세에 대하여 의학 상식이 없으면서도 자율 신경에 이상이 생긴 것으로 생각했고 또 신경 쇠약에 걸린 것이 아닌가 하고 의심해 보았다.

그러나 이러한 진단이 맞는 것인지 안 맞는 것인지도 모르겠고, 설사 맞는다 하더라도 이러한 증세를 치유할 대책을 강구하지 못하였다. 그리고 당시는 매일 잠을 이루지 못한 것이 아니라 일주일에 두 번 정도 불면에 시달렸고, 어떤 때는 2주일에 한 번 정도 그런 증상에 시달렸다. 또 한 번 불면증이 도지면 연속해서 2.3일간 잠을 설치는 경우도 있었다.

그 당시 많이 겪었던 경험은 9시 뉴스 시간에 텔레비전을 보면 나도 모르게 깜빡 잠들 때가 있었다. 그래서 텔레비전을 끄고, 이부자리를 깔고, 불을 끄고 본격적으로 자려하면 그 때부터 잠이 안 오는 것이다. 어둠 속에 그냥 눈을 감고 잠을 청하노라면 11시를 넘기고 12시를 맞이하게 된다. 이제 날이 새고 해가 뜨면 여전히 출근해야 하고, 여러 시간의 강의를 해야 하고, 여러 가지 잡무를 처리해야 되는데, 잠들지 못하면 이러한 업무 처리에 막대한 지장이 초래될 것은 뻔한 일이다.

또 이런 경우를 여러 번 당해 보았기 때문에 이튿날 하루 지내기가 힘들다는 것은 너무나 잘 알고 있었다. 그래서 마음은 절실하게 잠들고 싶고 실제로 몸은 잠들지 못하고, 밤은 점점 깊어가고, 이런 것들이 사람을 괴롭게 만들고 슬프게 만드는 것이다. 계속해서 버텨봐도 잠들 것 같지 않으니까, 그 다음은 옷을 주섬주섬 주워 있고 신발 끈을 단단히 매고 밖으로 나서는 것이다. 그리고는 정처 없이 이 동네 저 동네 이 골목 저 골목을 누비고 다니는 것이다. 누가 보면 미친 사람 같기도 하고 몽유병 환자 같기도 하고 수상한 사람 같기도 했을 것이다. 이렇게 1시간가량 헤매다가 들어와서 세수하고 손발을 씻고 잠을 청하면 짧은 시간이나마 잠을 청할 수 있었다.

그 당시는 밤중에 일어나서 헤매다 들어와 잠을 청하면 왜 잠들게 되는지 그 이유를 알 수 없었다. 아주 훨씬 후에 최근에야 깨달은 것인데, 아마 운동을 함으로써 혈액 순환이 원활하게 되고, 혈액 순환이 잘 되니까 잠들게 되었던 것으로 이해된다. 그러나 잠들지 못해서 애먹은 밤이 한두 번은 아니었다. 계속해서 이런 일이 반복되고 그 이유도 모르고 그에 대한 대처 능력이 없으니 마냥 괴로움을 당하는 수밖에 없었다. 그러다 보면 어떤 날은 그냥 잠만 안 오는 것이 아니라 머리가 빠개지게 아프고, 눈에서는 나도 모르게 눈물이 줄줄 흐르는 것이다.

참다못해 다시 옷을 주섬주섬 주워 입고 한밤중에 밖으로 나간다. 이런 때는 그냥 걷기만 해서는 안 된다고 생각되어 미친 사람처럼 달리기 운동을 하는 것이다. 뛰다가 힘들면 걷고, 걷다가 좀 나아지면 다시 뛰는 것이다. 달밤에 체조한다는 말이 있는데, 나는 체조가 아니라 뛰고 있었으니 그야말로 가소롭고 가련하다 아니할 수 없었던 것이다.

이렇게 뛰고 나서 들어와 자면 나도 모르게 잠들어버렸다. 그래도 날씨가 따뜻하거나 좋은 날은 한밤중의 달리기 운동도 해볼만 하다. 물론 달 밝고 별 좋은 밤에 뛰어 다니던 일이 여러 번 있었다. 후질근하게 비를 맞아 가면서 뛰었던 기억도 있다. 한 여름 삼복지경에 나가서 뛰었던 기억도 있다. 오동잎 지는 스산한 가을밤에 뛴 적도 있다. 꽁꽁 얼어붙어 천지가 폐색된 밤에 달리기 운동을 한 적도 있다. 솔직히 말해서 그 추운 겨울밤에 누가 자다 말고 나와서 뛰어 다니고 싶은 사람이 있겠는가. 이렇게라도 하지 않으면 도저히 참을 수 없고 불면증을 피해갈 수 없으니까 마지못해 했던 것이다.

　이런 달리기 운동을 할 때는 사람들이 거주하는 아파트 지역을 피했고, 그 옆의 광활한 공단 지대를 뛰어 다녔다. 한밤중에도 공장이 가동되어 시끄러운 소리를 내는 곳이 있었다. 시큼한 공장 폐수가 나그네의 코를 찔러대고 숨통을 막히게 한 적도 있었다. 어떤 곳에선 송아지만한 큰 개가 쫓아 나와 잡아먹을 듯이 짖으면서 달려든 적이 있었다. 그래도 그것을 모르는 척하면서 그 앞을 달려야 했던 적이 여러 번 있었다. 이렇게 달리기 운동을 하고 나면 대개의 경우는 깊은 잠에 빠지게 된다. 그러나 그처럼 달리기 운동을 하고 나서도 잠들지 못한 때가 여러 번 있었으니, 이 자의 횡포가 얼마나 고약하고 심각했던가는 미루어 짐작할 수 있을 것이다.

그 코를 잠글 수는 없는가

　나이를 먹은 사람이 여행을 하게 되면 음식이 맞지 않는 점, 잠자리가 불편한 점 등이 제일 문제라고 생각한다. 요즈음 레저 산업의 발달로 요식업이나 숙박업이 발달했다고 하지만 어떻든 집을 떠나면 먹는 문제, 자는 문제가 잘 해결되지 않아 고통을 겪을 때가 있다. 그 중에서도 나는 자는 문제가 제일 곤란한데 그것은 잠자리를 옮기면 좀처럼 잠을 이룰 수가 없기 때문이다. 더구나 잠자리를 옮겼을 때 옆에 사람이 온 방안이 떠나가도록 코를 골아대면 그날 밤은 한잠도 이루지 못하고 그 코고는 소리를 감상해야 한다.

　한 20년 전으로 거슬러 올라가 내가 관악고등학교에 근무할 때를 회상해 보자. 그때는 한 달에 한 번씩 숙직 근무를 하게 되었고, 그 숙직 근무는 혼자서 하는 것이 아니라 파트너 한분과 함께 하도록 되어 있었다. 2명이 숙직 근무를 하는데 그때마다 파트너가 바뀌기 때문에 평소에 친하지 않던 분과 사귀게 되고 여러 부류의 사람들을 만나게 되어 그런 대로 좋은 점이 있었다.

　그런데 대부분의 사람들은 코를 골아도 적당히 골고 얌전하게 수면을 취하기 때문에 하등의 방해가 안 된다. 그러나 개중에는 이리저

리 굴러다니고, 심지어는 내 곁으로 굴러 와서 떼밀고 걷어차는 사람
도 있고, 또 어떤 이는 밤새도록 잠꼬대를 하면서 이를 뽀드득 뽀드
득 가는 사람도 있고, 또 어떤 사람은 심하게 코를 골아서 귀를 막고
자야만 할 때도 있었다. 한번은 국어 선생님으로 나보다는 20세가량
더 많으신 선배 한분과 숙직을 하게 되었다.

그 분은 조선생님이었는데 자리에 눕자마자 온 천하가 떠나가도록
코를 골아 댄다. 그 소리는 풀무 돌아가는 소리 같기도 하고, 폭포수
소리 같기도 하고, 우레 소리 같기도 해서 구들장이 들썩들썩했다. 평
소에 뵈올 때는 늙어서 힘이 없어 보였는데 주무실 때는 어디서 그런
기운이 나왔는지 온 방안이 떠나가는 듯했다. 전혀 예기치 못한 사태
를 맞이한 나는 그날 밤 잠을 이루지 못했고 그저 잘못 걸렸구나 하
는 신세 한탄만 하지 않을 수 없었다. 나는 지금까지 함께 잠자던 사
람 중에 이처럼 우렁차게 코고는 사람을 별로 못 보았고, 만약에 장
사 씨름 대회처럼 코골이 대회라도 있다면 이분은 충분히 챔피언감이
될 거라고 생각해 보았다.

그리고 한 10여 년 전쯤의 일로 생각된다. 그때는 경상대학에 근무
했는데, 식사는 매끼 사서 먹고 잠은 자그마한 아파트 한 채를 전세
내어 해결했다. 그처럼 홀애비 생활을 하노라니 의식주 문제가 제대
로 될 리 없는 것이다. 옷은 항상 추레하게 입고 다녔고 사먹는 것이
부실해서 영양실조 걸린 사람 같았다. 더구나 식구들과 떨어져서 생
활하니 자연적으로 우울증에 걸리게 되었고 따라서 불면증에 시달리
게 되었다.

남들이 다 퇴근한 다음 혼자서 시내버스를 타고 진주 시내에 들어
가서 저녁을 사먹는다. 혼자서 사먹는 거니 값 비싸고 좋은 음식을
사먹을 리 없다. 시원찮은 음식을 혼자서 먹는 둥 마는 둥 의무를 이

행하고 나면 습관적으로 아무도 기다려 주지 않는 나만의 공간을 찾아가게 된다. 더구나 겨울비가 주룩주룩 내리는 날 아파트 문을 따고 들어가면 그 캄캄한 공간에서 나에게는 천근 적막감과 함께 무서운 고독감이 엄습해오니, 이 딱한 처지를 무엇으로 이겨낼 수 있단 말인가. 그러니 잠자리가 편할 리 없고 깊은 잠이 들 리 없다. 이리 뒤척 저리 뒤척 하노라면 새벽 한시도 좋고 두시도 좋다. 자는 게 아니라 그저 눈을 감고 날 새기를 기다리는 것이다. 어쩌다가 이처럼 깊은 우울증에 빠지게 되고 불면증에 걸리게 되었느냐고 한탄해 보아야 소용없다. 아무리 잠을 청하려 해도 그 잠이 오지 않는 데는 불가항력 아닌가.

이럴 때 바로 윗집 남자의 코고는 소리가 아래층에 있는 내 귀에까지 들려온다. 드르렁 드르렁 코고는 소리에 우리 집 천정이 들썩 들썩했다. 우리 집은 주택공사에서 지은 15평짜리 아파트이다. 아무리 부실 공사를 했다고 가정해도 윗집 남자의 코고는 소리가 아래층까지 크게 들리는 것은 문제 아닌가. 사실 이 아파트는 앞에서 이야기한 바와 같이 주택공사에서 지은 것이라 그렇게 부실 건물도 아니고 꽤나 튼튼하게 지은 집이다. 그러면 그 코고는 소리가 관우 장비가 잠들었을 때와 같이 요란하다는 이야기인데, 그 옆에 누워 있는 부인은 무슨 수로 잠들 수 있다는 건지 도무지 이해가 안 간다. 제기랄 아무리 피곤하고 고단하더라도 아파트 지붕을 뚫고 아래층에 있는 사람한테까지 그 코고는 소리를 들려준담…

그것도 어쩌다 그러는 것이 아니라 내가 잠 못 이룰 때면 항상 그 지경이니 사람 환장할 것만 같았다. 그러나 이때처럼 그 코고는 사나이가 부러운 적은 없었다. 정승 판서 자리 준다 해도 다 싫으니 저 위 층 아파트에서 자는 사나이처럼 세상이 떠들썩하게 코를 골면서 자게 해달라고 얼마나 빌었는지 모른다. 저 사나이처럼 숙면을 하고 깊은 잠이 든다면 이 세상에 부러울 것이라고는 아무것도 없을 것 같았다. 이쯤 되면 앞에서 이야기한 조선생의 코골기 실력과 막상막하가 아니겠는가.

또 한 가지 이것은 한 5년 전쯤의 일인데 우리 문하생들은 지도교수님을 모시고 1년에 한 번씩 여행을 즐기던 시절이 있었다. 예산 홍성 온양 등지의 역사 유적지와 문화유적지를 둘러보고 다시 충청북도로 와서 아우내 장터와 유관순 열사의 생가 및 기념관을 둘러보았다. 그리고는 독립기념관 들어가는 입구에 있는 어느 콘도를 빌려서 자게 되었다. 그 콘도는 호서대학에 근무하는 J교수의 덕택으로 아무런 부담 없이 빌리게 되었고, 또 실내에 들어가 보니 웬만한 호텔 시설보다도 더 잘되고 깨끗하다는 생각이 들었던 것이다.

저녁 식사 후에는 일행이 모두 둘러 앉아 술자리를 벌여놓고 주거니 받거니 환담이 시작된다. 무슨 할 이야기들이 그렇게도 많은지 한없이 끝없이 지껄여댄다. 한쪽에서는 박수를 쳐 가면서 노래를 부르는 패들도 있었다. 밤이 깊어가니 한 사람씩 두 사람씩 자리를 뜨면서 꿈나라 여행을 즐기는 이들도 있었다. 그런데도 한쪽 구석에서는 술판이 끊어지지 않았고 그곳에 남아있는 사람은 4명 정도로 추정되었고, 그들은 옆방에 자는 사람이 있는지 없는지 아랑곳하지 않았다. 그들의 뱃속에는 고래가 한 마리 들어앉았는지 아무리 술을 퍼먹어대도 끊일 줄을 모른다. 그들의 배는 사람의 뱃속이 아니라 무한정 들어부을 수 있는 술독 같았다. 술을 마시겠으면 조용히 음미 하면서 마신다면 옆 사람을 위해서 얼마나 좋은 일인가.

나는 일찌감치 잠들려고 옆방에 와서 드러누웠지만 좀처럼 잠이 들지 않는다. 그들은 이야기하는 것이 아니라 논쟁하는 것 같았고, 논쟁하는 것이 아니라 싸움질하는 것 같았다. 그런 와중에서도 아무런 불평 없이 쿨쿨 단잠 자는 사람들이 있었으니 그들은 도대체 무슨 강철로 만들어진 쇠말뚝이란 말인가? 나는 그저 눈감고 드러누워서 저 술주정뱅이들이 제풀에 지칠 때까지 기다려야만 했다. 그중에서도 S교수는 저 혼자 제 세상을 만난 것처럼 떠들어 대는데 그 목소리는 어찌나 크고 시끄럽던지 기차 화통을 삶아 먹은 것 같았다. 평소에는 얌전하고 말 한마디 없던 분이 일단 술 귀신이 붙게 되면 전연 딴 사람이 된다. 심지어는 혀 꼬부라진 소리를 해가면서 줄기차게 떠들어 대니 그저 술 귀신의 조화가 아니고 무엇이겠는가.

얼마나 많은 시간이 흘러갔는지 새벽 4시쯤은 된 것 같았다. 모두 지쳐서 떨어지고 S교수 혼자만 남았던 것 같다. 아무도 들어주는 이가 없으니까 빈자리를 찾아서 내 옆에 드러눕는다. 그가 누운 지 1분도 채 안되어 이번에는 코를 골아대기 시작하는데, 그야말로 가관이다. 푸우푸우 하면서 풀무 부는 소리를 내더니 갑자기 기차바퀴 굴러가는 소리를 내고 그런가 하면 어떤 때는 북소리, 장구소리, 비파소리, 온갖 잡소리를 다 낸다. 그렇다고 깨워서 코를 그만 골라고 말릴 수도 없고, 계속해서 듣자하니 신경질이 나서 잠은 더 안 오고 그야말로 진퇴양난이다.

어찌나 시끄럽고 괴롭던지 자물쇠를 가지고 현관문을 잠그듯이 그놈의 코를 잠가 버렸으면 좋겠다는 생각을 해 보았다. 그러니 그날 밤에 잠을 한 숨도 못 잤을 것은 뻔한 노릇 아닌가. 이쯤 되면 S교수의 코골이 실력도 앞에서 이야기한 두 사람의 챔피언들과 함께 세계 코골기 경연 대회에 나가서 한국의 명예를 드높일 만하다고 생각되었다.

오복(五福)에 대하여

사람은 누구나 복 받고 살기를 원하고, 행복하게 살기를 원한다. 그런데 한 가지 복만 받아서는 안 되고 적어도 다섯 가지 복을 동시에 받고 살아야 행복해질 수 있다는 의미에서 오복(五福)이란 말이 생겼다. 그 오복을 열거해 보면 '수', '부', '강녕', '유호덕', '고종명' 등이다. '수'란 장수하는 것, 즉 오래 사는 것을 의미한다. '부'는 부자로 사는 것, 즉 돈이나 재산이 많은 것을 의미한다. '강녕'(康寧)은 몸이 건강하고 마음이 편안하다는 뜻이다. '유호덕'은 덕을 좋아하며, 즐겨 덕을 행하는 일이다. '고종명'(考終命)은 명대로 살고 편안히 죽는 다는 뜻이다. 이 다섯 가지를 골고루 갖추고 산 사람은 그야말로 복을 누리면서 산 사람이라고 할 수 있겠다.

그러나 이 중에서 어느 한 가지라도 결격 사유가 있으면 행복한 사람이라고 일컫기는 곤란할 것이다. 나머지 4가지를 갖추었더라도 장수하지 못하고 일찍 죽으면 그보다 더 불행한 일은 없는 것이다. 마찬가지로 나머지 4가지를 갖추었는데, 돈과 재산이 없어 지질이 가난하게 살아간다면 그 또한 불행한 일일 것이다. '강녕' 문제도 마찬가지다. 맨 날 병치레나 하고 병원을 들락거리거나, 스트레스를 받는 일이 많아서 늘 긴장하고, 불안 초조하다면 이 역시 불행한 일이라 아니할 수 없다. 4번째는 덕을 좋아하고 덕을 베풀면서 살아가야 하는데, 그렇게 덕성이 풍부하고 그 덕을 실천하는 사람이 과연 몇 명이나 되는지 생각해볼 일이다. 아무리 4가지 복을 갖추었어도, 그 주인공이 인색하고 구두쇠고 자신밖에 모르는 사람이라면 사람들이 손가락질 하고, 아예 사람 취급을 안 할 것이다. 놀부라고 놀리거나 짐승 같은 인간이라고 생각할 것이다. 끝으로 '고종명' 문제인데, 이것 또한 쉽지 않다. 요즘은 평균 수명이 길어져서 명대로 오래 사는 사람들이 많기는 하지만, 죽음의 현장을 보면 불안과 고통이 주인공에게 엄습하여 시달림을 받는 경우가 허다하기 때문에 '편안하게 죽는 문제' 또한 쉽지 않다. 그런 점에서 오복을 고루 갖추고 그 오복을 마음껏 누리면서 살다 간 사람은 손으로 꼽을 정도일 것이다.

나는 2006년 7월 26일부터 7월 30일까지 여주 사람들과 함께 백두산 관광을 다녀왔다. 그때 민족의 영산 백두산의 천지를 생생하게 보고 온 것은 너무나 자랑스럽고 평생 잊지 못할 추억이 될 것이다. 4박 5일 동안 함께 여행하면서 가장 많은 이야기를 나눈 사람은 직전 여주문화원장인 한만규 선생이다. 그와는 룸메이트였으니 얼마나 많은 이야기를 나누었겠는가. 그가 나에게 현대인의 오복이란 것을 가르쳐 주었는데, 정확하게 말하면 현대 노인들의 오복이란 것을 가르쳐주었다. 그 5가지 복이란 ① 건강 ② 배우자 ③ 재산 ④ 할 일 ⑤ 친구 등이다. 옛날에 오복이라 일컫던 것들과는 사뭇 다른 모습이다.

오복 중에서도 제일순위는 건강이다. 누군가 '돈을 잃는 것은 작은 것을 잃는 것이고, 명예를 잃는 것은 큰 것을 잃는 것이고, 건강을 잃는 것은 모든 것을 잃는 것이다'라고 한 말이 기억난다. 건강을 잃어서 죽게 된다면 명예는 높아서 무엇에 쓸 것이고, 돈이 태산같이 많은들 무슨 소용이 있겠는가. 그러니 건강이 제일이다. 나처럼 고희의 문턱에 와있는 사람은 첫째도 건강, 둘째도 건강, 셋째도 건강인 것이다. 앞으로 건강관리를 위하여 많은 공부를 해야 되겠다는 생각을 하였다.

두 번째로 큰 복이 아내가 되었든 남편이 되었든 배우자가 있어야 된다는 이야기다. 배우자가 없다면 애인이라도 만들어 노년을 즐겁게 보낼 수 있어야 된다는 것이다. 그러면서 나보고 좋은 사람을 소개해 줄 테니 짝을 만들라는 충언을 해준다. 내가 아내를 잃고 혼자 사니까 아마도 딱하게 보였던 것 같다. 그 문제가 이루어지든 안 이루어지든 나에게 그만큼 신경을 써주고 관심을 가져주니 고맙다는 생각이 들었다.

세 번째는 재산이다. 돈이 많아야 된다는 이야기다. 돈이 없어서 대학을 못 다닌 사람, 돈이 없어서 아픈 데도 병원에 못 가는 사람, 돈이 없어서 장가를 못 가고 노총각으로 늙는 사람들이 얼마나 많은가. 이 세상 살아가는데 돈이 전부는 아니지만, 그 돈이 필요불가결한 존재임에는 틀림없다. 그래서 많은 사람들이 돈을 벌기 위하여 눈을 시뻘겋게 뜨고 발광하는 모습이 너무 많이 눈에 띈다. 이 세 가지가 갖추어졌어도 사람에게는 '할 일'이 있어야 된다. 고등학교 선생을 하다가 정년을 한 내 친구를 보면 정말 할일이 없어서 매일 아침을 먹고 9시경에 등산을 가서 산행을 하다가 12시쯤 내려와 점심 식사를 한다는 것이다. 그리고 오후에는 기원에 가서 바둑을 두거나 친구를 만나는 일로 소일한다는 것이다. 그런데 매일 이런 일을 되풀이한다고 하니, 시간이 많이 남아서 어떻게 쓸지를 몰라 고민하는 사람이라고 하겠다.

우리 집 근처 복덕방 앞을 지나다 보면 60세 이상 된 늙은이들이 허구한 날 담배 연기 자욱한 가운데서 화토장이나 때려대는 광경을 목격하게 된다. 얼마나 할일 없으면 맨 날 화토만 치면서 시간을 메우겠는가. 당사자들의 입장에서는 답답한 노릇이라 아니할 수 없을 것이다. 이 4가지가 갖추어진 다음에는 이따금 만나서 차 한 잔 나누거나 술 한 잔 기울일 수 있는 친구가 있어야 된다는 것이다. 특히 어려운 일이 있을 때 흉금을 터놓고 말할 수 있는 친구가 있다면 얼마나 좋겠는가. 사실 아는 사람은 많아도 진정한 친구는 많지 않은 것이다. 내가 곤경에 처했을 때 찾아와서 도와주는 친구가 참다운 친구인 것이다. 이 세상을 살아가는데 이런 친구가 있다면 형제지간보다도 더 가깝고 고마운 사람이라 생각하면서 감사하는 마음으로 살아가야 되리라.

이렇게 5가지를 열거하고 심도 있게 생각해 보았지만, 어느 한 가지도 자신의 뜻대로 잘 되는 것은 없다. 며칠 전 관란 선생 시제에 다녀오는데, 나와 동행했던 친구는 무릎 관절 때문에 고생하다가 결국 인공 관절을 끼워 넣는 대수술을 받았다고 한다. 수술비가 8백만 원 들었다고 하는데, 돈도 돈이지만 그 과정에 너무 고생을 많이 했다는 것이다. 그는 누구보다도 돈이 많은 갑부이다. 그렇게 돈이 많아도 자연스럽게 고치지 못하고 인공 관절을 끼우는 수술을 받았다고 하니, 이 건강 문제는 건강 복을 타고 나야지 그냥 노력만 가지고는 안 된다는 것이 그대로 입증된 것이다.

배우자 즉 인생의 짝이 있어야 된다는 문제도 마찬가지다. 이 세상 사람들은 누구나 배우자와 함께 백년해로하기를 원한다. 그러나 이것도 뜻대로 잘 안 된다는 걸 누구나 알고 있다. 이 세상에는 혼자 사는 과부, 혼자 사는 홀아비가 의외로 많다. 그래서 혼자 살다가 재혼하는 경우도 많이 있다. 우선 나 자신도 혼자 살고 있으니, 이 문제가 간단하지 않다는 것이 증명된 것이다. 솔직히 말해서 내가 홀아비 신세가 될 줄은 꿈에도 몰랐던 것이다.

다음은 돈 문제이다. 돈이 많으면 좋다는 것 누구나 잘 안다. 그래서 사람은 누구나 돈을 벌려고 애쓰고, 부자가 되고 싶어 하고, 그 돈 때문에 사람을 죽이는 수도 있다. 웃기는 이야기로 뱃속에 있는 아기도 돈을 준다면 얼른 나온다고 할 정도이니 돈의 위력이 얼마나 큰지를 대변해 준다. 그러나 이 문제도 돈복을 타고 나야지 억지로는 잘 안 된다는 것 모두가 알고 있지 않는가. 돈이 나를 따라와야지 내가 돈을 쫓아다녀서는 안 된다는 이야기다.

그 다음은 할 일에 관한 문제이다. 이것도 일복을 타고 난 사람은 늙어서도 할 일이 많은데, 그렇지 못한 사람은 젊었을 때도 할 일이 없어 빈둥거리는 백수가 된다. 더구나 직장을 퇴직한 다음에 할 일이 없어 빈둥거리는 사람들도 의외로 많다. 그런 점에서 나이 들어서도 할 일이 있고 그 일 때문에 바쁘게 지낼 수 있다는 것은 큰 복으로 알아야 할 것이다.

끝으로 친구문제인데, 이 또한 나에게 능력과 재력이 있어야 친구가 많이 붙지, 용돈이 없어서 쩔쩔 맨다면 있던 친구도 다 떨어져 나갈 것이다. 삼강오륜 중에 '붕우유신'이란 말이 있는데, 친구지간에 신의가 없다면, 그 둘의 관계는 깨어질 수밖에 없다. 그런 점에서 뜻에 맞고 완전히 믿을 수 있는 친구가 있는 것은 큰 복이 되는 것이다. 그러나 내 부모처럼 그렇게 믿고 의지할 수 있는 친구를 가진 사람이 많지 않으니, 이 문제가 간단하지 않다는 것, 쉽게 얻어질 문제가 아니라는 것이 그대로 증명된 것이다.

현대 노인들의 오복이란 것을 이처럼 생각해보았지만, 그 다섯 가지를 완전하게 갖춘 사람은 많지 않을 것이다. 며칠 전 동네의 '소망

부동산'이란 곳을 갔더니, 그 곳의 여사장이 오복 이야기를 들려주었다. 그래서 어떤 것들이냐고 물었더니 한만규 씨가 들려준 내용 그대로였다. 그러니까 이 현대의 오복이란 것은 몇 사람만 알고 있는 정도가 아니라 50세 전후의 여인네까지 알 정도로 많이 퍼졌다는 것을 비로소 알게 되었다. 그러면서 그 여인이 나한테 하는 말 "선생님은 오복 중에 네 가지는 갖추었는데, 한 가지가 모자라네요"라고 한다. 나는 그 말을 듣고 가타부타 대답하지 않고 그냥 웃어넘기면서 그 자리를 빠져 나왔다.

누구를 믿고 살아야 하나

전직대통령이 천문학적 숫자의 큰돈을 도둑질했다고 온 세상이 벌 집 쑤셔놓은 것 같다. 세상에 다른 사람은 못 믿어도 대통령만은 믿 을 수 있어야 할 텐데, 그 누구보다도 청렴성과 도덕성이 강조되는 대통령이 재직 시절에 검은 돈 긁어모으는 데만 주력했다는 것이고, 그것이 현실적으로 드러나서 많은 사람들을 분노케 하고 있었다. 그 동안 전직 대통령의 비자금이 4천억 원 가량 된다는 이야기가 심심찮 게 나돌더니, 지난 10월 19일 민주당 박계동 의원의 국회발언으로 또 다시 이 문제가 전 국민적 관심사로 떠오르게 되었다.

두 달 전에는 서석재 전 총무처 장관의 4천억 비자금설, 비슷한 무 렵 함승희(咸承熙) 전 검사의 정치권 거액 비자금설 주장이 터져 나 왔다. 그러다가 최근에는 국민회의 김원길(金元吉)의원의 선경 동방유 량 관련설 등이 꼬리를 이었다. 이러한 파문에 대해 노태우 전 대통 령의 박영훈 비서실장은 19일 '박 의원이 비자금의 예금주로 거론한 구체적인 사람은 노전대통령이 전혀 아는 바 없다'며 '우리와는 전혀 무관한 사실'이라고 부인했다는 것이다.

아울러 노전대통령도 19일 오후 2시경에 박 의원의 원고를 보고

받았으며 '면책특권이 있는 국회 발언이라고 해서 근거 없는 사실을 거론해 명예를 훼손한데 대해 불쾌하게 생각한다'고 박비서 실장은 전했다는 것이다.

□ 베일 벗은 비자금의 실체

노○○ 전 대통령의 비자금 액수가 눈덩이처럼 불어나고 있다. 전 경호 실장은 검찰에서 '신한은행에 예치된 통치자금은 모두 4개 계좌에 485억 원'이라고 진술했다. 당초 3개 계좌 3백억 원보다 185억 원이 증가된 금액이다. 또 신한은행 서소문 지점 외에 본점 영업부에도 비자금 220억 원이 차명 계좌로 존재한다고 알려졌다. 그런가 하면 국민회의의 신기하의원도 23일 국회에서 '노전대통령의 비자금 319억 원이 제일은행 석관동 지점에 예치돼 있다'고 밝혀 그 파문을 더해주고 있다.

하여간에 노씨의 비자금 일지를 날짜별로 정리해 보자. 지난 10월 19일에는 박계동 의원이 국회 대정부 질문에서 노씨의 거액 비자금을 폭로 했으며, 이 우근 신한은행 이사의 명의로 된 300억 원 차명계좌가 확인되었다. 이때 노씨 측에서는 '우리는 모르는 일 정부가 밝혀 달라'고 당당하게 나왔던 것이다. 20일에는 이홍구 총리가 국회에서 답변을 통해 비자금 조사를 천명했으며 검찰에서는 이 문제를 수사하기 시작했다.

그리고 이 현우 전경호실장이 조씨 집을 방문해서 비자금의 실체에 대해서 보고했다는 것이다. 22일에는 이전실장이 검찰에 출두해서 '비자금은 노 전 대통령이 직접 조성했다. 서소문 지점에 145억 원의 차명계좌가 더 있다'는 진술을 했다.

그런가하면 23일에는 민자당의 손학규 대변인이 '노 전 대통령도 조사를 피할 수 없다는 게 당의 입장'이라고 발표했다. 24일에는 이태진 전경호실 과장이 검찰에 소환되었으며 동아투금에도 200억 원대의 계좌가 또 있다는 것이 확인되었다. 민자당 김윤환 대표는 노씨 측에 진상 공개 국민 사과 이후 낙향할 것을 제시했으며, 검찰에서는 10개 시중 은행의 계좌를 압수 수색했다. 25일에는 검찰에서 동화은행에 700억 원대의 비자금이 또 있다는 것을 확인했다. 아울러 김 민자당 대표는 대선자금을 공개할 용의가 있다고 했던 것이다. 27일에는 김대중 국민회의 총재가 '대선 때 20억 원을 받았다'고 베이징에서 발표했다. 그리고 노 전 대통령이 대국민 사과문을 발표하기에 이르렀던 것이다.

노씨는 이날 오전11시 정각 본채에서 발표 장소인 별채 접견실로 내려와 침통한 표정으로 미리 준비한 대국민 사과문을 8분20초간 낭독. 노씨는 '못난 노○○ 외람되게 국민 앞에 섰습니다'라는 표현으로 낭독을 시작했다. 그는 자신의 비자금 파문에 대해 국민에게 사죄하고 재임 기간 중에 조성된 비자금은 약 5000억 원이며, 퇴임 당시 이 중에서 1700억 원을 남겼다고 밝혔다. 노씨는 이날 오전 TV로 생중계되는 가운데 연희1동 자택에서 대국민 사과문을 발표하고 '모든 책임은 전적으로 나에게 있으며 어떠한 처벌도 기꺼이 감수하겠으며, 필요하다면 당국에 출석해 조사도 받겠다'고 말해 사법처리도 받아들일 각오가 서있음을 시사했다. 그는 '자금은 주로 기업인들의 성금으로 조성됐으며, 나의 책임 아래 대부분 정당 운영비등 정치 활동, 일부는 그늘진 곳을 보살피거나 국가를 위해 헌신하는 분들을 격려하는 데 보태 썼다'고 설명하였다.

□ 천문학적 숫자인 5천억

노씨의 사과를 액면 그대로 믿는 사람은 아무도 없으며, 오히려 그
것을 사과 아닌 변명으로 보고 의문의 의문만 더해가고 있다. 그 비
자금 5000억 원 설을 그대로 믿는다 해도 그가 즐겨 쓰던 보통 사람
으로서는 얼마나 되는 금액인지 상상되지 않는다. 대통령 재임 기간(5
년) 내내 일요일과 공휴일도 빼지 않고 하루에 2억7천4백 원씩 긁어
모아야 5천억 원이 된다는 것이다. 그 이자율을 10%로 가정할 때 그
가 물러나면서 남긴 1700억 원의 하루 이자만 해도 4700만원이 된다
는 것이고, 이 하루분의 이자는 대기업의 임원의 연봉보다도 많은 액
수라는 것이다.

또 단군 할아버지가 지금까지 생존해 계시면서 하루에 32만원씩
썼어야 노씨가 재임 기간에 썼다는 3300억 원을 다 쓸 수 있다는 것
이다. 또 가로 16cm 세로7cm 되는 1만 원 권 지폐 5000억 원을 가로
로 늘어놓으면, 8,050km가 된다는 것이고 그 길이는 경부고속도로를
아홉 번 왕복하고도 편도로 한번을 더 가야 하는 거리가 된다는 것이
다. 5000억 원을 1만 원 권 지폐로 차곡차곡 쌓으면 그 높이는 5km정
도가 된다는 것이고 우리나라에서 가장 높은 백두산(2744m)의 두 배
요 서울 여의도 63빌딩(249m)의 20배 높이가 된다는 것이다.

이러한 수치로 볼 때 정말로 우리 서민들 입장에서 보면 100번 까
무라쳐도 이룰 수 없는 천문학적 숫자의 큰돈이라 아니할 수 없다.
그 무한대하고 거대한 돈을 5년 동안의 재임 기간에 노씨가 긁어모았
다고 하니 그는 국민들을 잘 살게 하기 위해서 선출된 대통령이 아니
라 자기 자신의 이익과 자기의 자손만대까지 잘 살고 잘 먹기 위해서
치부에만 눈이 어두웠던 사람이라 할 수 있다.

□ 비자금 어떻게 조성 했나

6공 때 정치 자금으로 조성한 비자금의 실체가 드러나면서 노전 대통령이 기업으로부터 어떤 방식으로 얼마만큼의 정치 자금을 조성했는지가 초미의 관심사가 되었다. 6공 때 청와대는 대기업으로부터 받은 정기적인 떡값, 대형 정부 공사나 전투기 등 율곡 사업 발주 과정에서의 커미션, 방송국이나 골프장 등 신규 사업허가, 세무 조사의 정치적 해결 등을 통해 막대한 비자금을 마련한 것으로 알려졌다. 우선 떡값 명목으로 받은 비자금은 각종 선거나 대통령의 해외 순방 등 중요 국가 행사를 비롯해 설, 추석, 연말 등 명절 때마다 거둬들였다는 이야기가 전한다.

하여간에 어떤 대기업의 간부는 '30대 그룹 등 주요 대기업은 한번에 5억 내지 10억원, 중견 대기업은 1억 내지 2억 원 정도를 냈다'면서 '이 밖에도 대통령이나 영부인 생일 때는 주요 그룹 총수들이 축하 사절을 보내거나 자신이 직접 청와대를 방문해 수억 원대의 성의를 표시했다'고 밝혔다. 그러나 비자금의 주종은 떡값보다는 이권 사업과 관련한 기업들의 사례비였다는 것이 중론이라고 하겠다. 모씨는 '기업들은 이권 사업과 관련해서 유리한 고지를 차지하기 위해 선수금조나 이권을 딴 데 대한 사례비조로 거액을 낸 것으로 안다'고 말했다. 실제로 X기업은 신규 사업 진출과 관련해 그룹 총수가 청와대를 방문해서 200억 원을 헌납하고 결국 그 사업을 따낸 것으로 전해졌다.

정주영 현대그룹 명예회장은 92년도 정치에 참여하면서 떡값 명목으로 추석과 연말에 노○○ 대통령에게 50억 내지 100억 정도를 냈다고 폭로했지만 이것도 이권 사업에 뛰어들기 위한 사전 정지 작업용 경비였다고 재계에서는 보고 있다. 또 골프장 허가와 관련해서는 건당 10억원 안팎의 돈이 오갔다는 이야기가 나돌고 있는 형편이다. 여기에 차세대 전투기, 각종 건설 사업 등과 관련해서 수십억 내지 수백원대의 검은돈이 오갔을 것이라는 소문이 계속되었다. 또한 비자금은 대기업에 대한 세무조사 과정에서도 상당 부분 조성됐을 것이라는 관측이 지배적이다. 이처럼 이권 챙기기만 혈안이 되었다면 노 전대통령은 이 나라를 이끌어 가는 정치 지도자가 아니었고, 자신의 이권 챙기기에만 급급했던 소인배 장사꾼이었다고 평가하지 않을 수 없다.

□ 우리나라 제일의 부동산 투기꾼

노○○ 전 대통령의 비자금 사건을 수사 중인 대검 중앙 수사부는 29일 금융기관에 입금된 자금 추적과는 별도로 노씨 소유로 된 부동산이 얼마나 되는가를 파악하기 위한 수사에 나섰다고 한다. 검찰은 이를 위해 노씨 친인척 또는 제3자 명의로 된 부동산 7건을 1차 수사 대상으로 정해 국세청에 이들 부동산에 대한 재산세 납부 현황 등 관련 자료 제출을 요청키로 했다는 것이다.

검찰의 노씨 부동산 수사 방침은 실제 비자금이 그가 밝힌 액수보다 많을 것이란 의혹이 제기되고, 노씨와 그 친인척 소유 부동산이 전국에 흩어져 있다는 정보가 끊이지 않고 있다는 데 따른 것이라고 한다. 검찰은 이에 따라 이들 7건 부동산의 등기부 상 소유주를 이번 주 중에 소환하여, 부동산 매입 자금 출처와 소유 경위 등을 집중 조사한 뒤 필요할 경우 매입 자금에 대한 자금 추적도 병행키로 했다는 것이다. 이번에 수사 대상에 오른 부동산은 ① 서울 서초구 반포동 동호빌딩, ② 강북 모처에 있는 또 다른 빌딩, ③ 수원의 1만 2천평 되는 농지, ④ 경기도 오산의 공장 터 7천평, ⑤ 영종도 부근 5만

평, ⑥ 서울 중구 정동극장 앞 대지 7백평, ⑦ 서울 시청 부근 소공동의 서울센터 빌딩 등으로 알려졌다.

이처럼 노○○ 전 대통령 소유 부동산에 대해서까지 전면 조사에 나선 것은 갈수록 불어나는 노씨의 비자금은 물론 정확한 재산 규모를 규명해 내겠다는 검찰의 의지가 담긴 것으로 파악된다. 이는 여권은 물론 김영삼 대통령이 철저한 수사를 거듭 지시했고 노씨의 대국민 사과문 발표 이후 악화 일로에 있는 여론을 의식한 측면도 없지 않다는 것이다. 위에 열거한 7건의 부동산에 대한 실제 소유주가 노씨의 것으로 판명될 경우 또 한 번 온 세상을 경악케 할 것이고, 열심히 일하고 정직하게 살아가는 많은 노동자와 근로자들을 좌절하게 만들 것이고, 그들 민초들의 삶의 의욕을 송두리째 흔들어 놓을 것임은 틀림없는 일이다.

□ 노씨는 전체 국민을 속인 사람

솔직히 말해서 우리 국민들이 노씨를 대통령으로 뽑아줬을 때는 그로 하여금 우리나라를 대표하는 최고 지도자가 되고, 우리나라를 번영시키고 발전시켜 통일국가를 만들고, 우리 국민들을 편안한 가운데 잘 먹고 잘 살게 해 주십사고 뽑은 것이지 태산보다도 높고 하해보다도 더 큰 천문학적 숫자의 거액을 도둑질해서 사리사욕을 채우라고 뽑아준 것은 아니다. 그리고 한나라의 대통령이면 그 존경스럽고 명예롭기가 천추에 빛나는 자리이고, 그 자리를 물러난 뒤에도 보통 사람으로서는 상상하기 힘들 정도로 그 지위와 경제적인 예우를 파격적으로 받는다고 하는데, 무엇이 부족해서 재임 기간에 검고 쿠린 돈 긁어모으는 데만 혈안이 되어 세계 제일의 부정축재자가 되었는지 아무리 이해하려고 해도 이해되지 않는다. 그리고 위에서 그가 부정 축재한 돈과 재산이 얼마나 되는지, 그러한 막대한 재산은 어떻게 조성된 것인지 나름대로 살펴보았지만, 많은 사람들은 노씨가 상상할 수 없을 정도로 많은 재산과 돈을 해외에 도피시켜 놓고 숨겨 놓았을 것이라고 이야기들 한다.

5공 시절에 전두환 대통령은 '정의 사회 구현'이란 구호를 내걸고 그것을 통치 이념으로 삼았는데, 전두환 전 대통령은 겉과 속이 다르게 갖가지 의롭지 못한 일만 저질렀고, 세계에서 유례가 없는 독재자 노릇을 했고, 백성들의 입을 틀어막으면서 민주주의를 말살시키려 했고, 그러한 가운데 자신과 자신의 친인척들의 부정축재에만 혈안이 되었던 사실은 온 세상이 다 아는 일이다. 오죽해서 그 대통령직을 물러난 다음에 백담사로 유배까지 가는 비극을 맛보았겠는가?

노 전 대통령 또한 그가 재임 시절에 자기 자신을 보통사람이라 자처했고, 그야말로 보통 사람들이 마음 놓고 살고 배부르게 먹고 편안하게 잠 잘 수 있는 '보통 사람들의 시대'를 만들어 준다고 떠들어댔다. 그처럼 겉으로는 번지르하게 좋은 말만 내세우고 실제로는 자신의 권력을 이용하여 부정 축재하는 일에만 골몰했으니 그야말로 '염불에는 아예 뜻이 없고 잿밥에만 눈독 들인다'는 옛날의 속담이 그대로 맞아 떨어졌다고 하겠다.

노씨 자신이 전 세계에서 제일가는 권력형 부정축재자임이 드러났으니, 그 자신이 '보통사람'이라 자처한 것은 애초부터 거짓말이었고, 갖가지 수단과 방법을 동원해서 검은 돈 긁어 모으느라고 우리 보통 사람들에게 정신적으로 물질적으로 막대한 피해를 줬으니 우리 보통 사람들을 잘 살게 해주겠다는 약속도 애초부터 거짓말이었다. 그가 재임했던 5년 동안에 전국의 땅값은 몇 10배 심지어는 몇 100배까지 뛰었다. 이 나라 총수인 대통령이 앞장서서 땅 투기를 하고, 그 밑에 딸린 조무래기들이 무리지어 땅 투기를 했으니, 이 나라 땅값이 하늘 높은 줄 모르고 뛰어오를 수밖에 더 있었겠는가?

그 당시 일반 주택과 아파트 값은 어떠했는가? 특히 아파트의 경우는 하룻밤 자고 나면 몇 천 만원 오르고 또 하룻밤 자고나면 몇 천만 원씩 오르고 일주일만 지나게 되면 몇 억대가 오르는 기현상이 벌어졌었다. 나는 그 당시 아무것도 모르고 이놈의 나라가 도깨비 나라인가 요술쟁이 나라인가 도무지 이해가 안 갔었다. 어떻게 사람들이 사는 집값이 하늘 높은 줄 모르고 날마다 몇 천만 원씩 뛸 수 있다는 건지 그야말로 보통 사람의 머리로서는 이해가 안 갔었다.

그런데 이제 와서 생각해보니 그 모든 불장난이 세계 제일의 모리배 노씨가 앞장서서 투기하고 그 밑에 딸린 조무래기들이 손발을 맞춰가면서 저지른 계획적이고 조직적인 사기 행각이었음이 만천하에 드러난 것이다.

그 옛날 대동강 물을 팔아먹었다는 봉이 김 선달을 욕해왔는데, 이들 노씨 일당이야말로 봉이 김 선달의 뺨을 치는 몇 10배의 지독한 사기꾼들이요 투기꾼들이라 아니할 수 없다.

그 당시 일반 백성들은 산이나 계곡에 가서 나무 한 그루나 돌멩이 한 개만 마음대로 움직여도 처벌받는다는 자연보호법을 만들었던 것은 세상이 다 아는 사실이다.

그처럼 일반인들을 규제해 가면서 저희들은 전국 산천에 스키장과 골프장을 수백 개씩 만들면서 자연 파괴와 산림 훼손에 앞장서고 있었으니, 이런 범법자들이 어떻게 지금까지 아무 탈 없이 생존할 수 있었는지 도무지 이해가 안 간다.

그 이전에는 수도권 지역에 골프장이 30여개 밖에 없었는데 노씨

재임 기간에 130여개로 늘어났다고 하는 것은 그가 우리나라 자연 파괴에 선두주자였음이 그대로 실증된 것이다. 그리고 노씨 재임 기간에 우리나라 건설업계에 얼마나 많은 부실공사가 행해졌던가? 팔당대교가 무너지고 행주대교가 무너지고 성수대교가 무너져서 온 세상을 떠들썩하게 했는데, 그러한 부실공사의 원인을 제공한 장본인도 노씨가 아니던가? 전국의 집값을 몇 10배로 뛰게 해놓고 주택이 부족해서 그렇다는 이유 아래 분당·일산 등지에 신도시를 건설해 놓고 집 장사를 한 것도 노씨가 아니던가? 분당과 일산 등지에 수천 채의 아파트들이 부실공사로 지어져서, 입주자들이 큰 위험을 느끼면서 고통을 받고 있다는 것은 잘 알려진 사실이다. 삼풍백화점이 붕괴돼서 6백 명 이상의 희생자를 낸 것도 정경유착의 시범을 보인 노씨의 책임이다. 이처럼 노씨가 재임했던 기간에 잘 한 일은 한 가지도 없고, 오직 권력형 부정축재에만 혈안이 되었다는 사실이 만천하에 드러났으니, 그를 일컬어 우리 4천만 민족을 상대로 사기 행각을 벌인 사람이라고 규정하는 것은 당연하다고 본다.